Hans-Peter Ziemek

Kleines Amrum-ABC

Fotografien von Günter Pump

Husum

Ein Wort vorweg

1982 betrat ich zum ersten Mal die Insel Amrum. Ich kam damals im Herbst nach Wittdün und absolvierte bei der Naturschutzgesellschaft Schutzstation Wattenmeer e.V. zwei Praktika. Beim ersten Mal schlief ich noch im alten Güterschuppen der WDR und wir richteten die Meerwasseraquarien im improvisierten Besucher-Zentrum des Vereins im Güterschuppen an der Südspitze der Insel ein.
Seit dieser Zeit habe ich die Insel viele Male besucht.
Inzwischen arbeite ich als Biologe an der Universität Gießen und komme jedes Jahr mit den Studierenden zu einer wissenschaftlichen Exkursion auf die Hallig Hooge. Immer gehört auch ein Tagesausflug nach Amrum zu den festen Programmpunkten. Die zu-

künftigen Lehrerinnen und Lehrer erleben dabei eine Geestinsel mit einer außergewöhnlichen Dünen-, Heide- und Waldvegetation. Aus den Erfahrungen mit meinen Studenten und aus meinem jahrzehntelangen Erleben der Entwicklung Amrums ergab sich die Idee, einen kleinen Führer zu schreiben. Dieser soll insbesondere für Tagesbesucher möglichst interessante Geschichten und Fakten über die Insel zusammenfassen. Wenn es darüber hinaus den Stammgästen die eine oder andere Neuigkeit vermittelt, hätte das Buch seinen Zweck erfüllt.

Ein großer Dank gilt dabei dem Schaffen von Georg Quedens, dem unermüdlichen Sammler und Entdecker von Fakten, Geschichten und Bildern rund um „seine" Insel. Sein umfassendes Werk bot ein schier unerschöpfliches Reservoir an Informationen.

Eine Rundfahrt auf Amrum

speziell für Tagesgäste
mit dem Fahrrad

Sie erreichen den Anleger von →*Wittdün* mit der Fähre von Dagebüll oder mit einem der verschiedenen Ausflugsschiffe. Mit der „Adler-Express" kann man Amrum von Nordstrand aus erreichen (→*Fährlinien*). Seit 2019 besteht zudem die Möglichkeit, mit der „Adler Rüm Hart", einem modernen Katamaran, in kurzer Zeit von Dagebüll aus die Insel zu erreichen.
Ihre Aufenthaltszeit auf der Insel ist zeitlich begrenzt. Wenige Stunden

Mit der „Adler-Express" erreichen die Gäste von Nordstrand oder Sylt die Insel Amrum.

müssen reichen, um einen Eindruck von der gesamten Insel zu erhalten. Bei einer Gesamtlänge von 10 km und einem der längsten Sandstrände an der Nordseeküste – dem →*Kniepsand* – wäre eine Erkundung zu Fuß ein ambitioniertes Vorhaben. Eine Inselrundfahrt mit dem Fahrrad bietet daher eine gute Alternative. Fahrräder kann man praktisch überall auf Insel mieten. Die erste Gelegenheit dazu findet man direkt am Anleger.
Los geht es mit der Erkundungstour entlang der Wattseite auf der Ufer-

Nach kurzer Zeit wird der Hafen Steenoode erreicht, er ist bestens vor dem Sturm geschützt.

promenade von →*Wittdün*. Nach kurzer Fahrt auf dem Deich Richtung →*Steenodde* erreichen sie den 1928 eingerichteten →*Seezeichenhafen*. Sie befinden sich hier an der am besten vor Sturm geschützten Stelle Amrums.

Weiter geht es auf dem →*Deich* bis nach Steenodde. Der kleinste Ort der Insel spielte in der Geschichte nur selten eine größere Rolle, die Gegend war aber seit der Jungsteinzeit als Gunstraum immer besiedelt. An diese Zeiten erinnern noch einige Grabhügel westlich der Siedlung. Eine gewisse Bedeutsamkeit erlangte Steenodde Anfang des 19. Jahrhunderts während des sogenannten →*„Kaffeekrieges"*.

Weiter geht es auf dem unbefestigten, aber trotzdem gut befahrbaren Weg entlang der Abbruchkante des „Steenodder Kliffs" (→*Besondere Orte*) Richtung →*Nebel*. Der Weg steigt hier leicht an, wird aber schon nach wenigen hundert Metern wieder flacher. Bei Ebbe geht das noch

Eine Rundfahrt mit dem Fahrrad bietet eine gute Alternative.

aus der Eiszeit stammende Geröll vor der Kliffkante in weite Wattflächen über. Auf dieser windabgewandten Seite der Insel hat sich im Laufe der Jahrhunderte sehr feines Lehm- und Schlickmaterial angesammelt. Es ist verboten, diesen Teil des Watts zu betreten, da hier nach nur 150 Metern der →*„Nationalpark* Schleswig-Holsteinisches Wattenmeer" beginnt.
Schon bald ist man in Nebel. Vorbei an den ersten Häusern und dem Schullandheim „Honigparadies" erreicht man die Landstraße, die durch den Ort führt. Hier lohnt sich unbedingt ein Besuch der St.-Clemens-Kirche und des alten Friedhofs. Dieser ist bekannt für die „erzählenden Grabsteinen von Amrum". Kaum vorstellbar, dass die Kirche im 12. Jahrhundert hier noch auf einer offenen, völlig unbebauten Fläche stand. Damals fehlte

Die Route führt an noch reetgedeckten Friesenhäusern vorbei.

An der „Burg" auf der Geest, hier soll ein Häuptling gewohnt haben, ist ein Anstieg.

auch noch der unverwechselbare Glockenturm (Bild Seite 69). Nebel wurde zu Beginn des 16.Jahrhunderts gegründet, wirkt aber mit seinen alten und größtenteils reetgedeckten Friesenhäusern und den malerischen Straßen wie ein Ort, in dem die Zeit bis heute still steht.

Nach einer kurzen Pause – vielleicht in einem der gemütlichen Cafés – geht es weiter zur Wattseite am Nordende von Nebel. Vorbei an dem 2012 fertiggestellten Deich fahren sie weiter Richtung →*Norddorf*. Der jetzt wieder unbefestigte Weg weist einige sandige und je nach Wetterlage manchmal auch schlammige Abschnitte auf. Diese sollten aber für die Weiterfahrt kein Hindernis darstellen. Vorbei an umfangreichen →*Salzwiesen* und der Kläranlage von Nebel verläuft die Strecke landschaftlich sehr abwechslungsreich. Für naturkundlich interessierte Besucher gibt es zu jeder Jahreszeit etwas zu entdecken. So kann man v.a. im April und Mai viele brütende und ihre Jungen führende →*Vögel* beobachten. Kurz vor Norddorf gilt es einen kleinen Anstieg zu bewältigen. Es handelt sich hierbei um einen Teil der Geest, die „Burg". Hier soll während der Wikingerzeit ein Häuptling gelebt haben. Auf der ehemaligen Trasse der →*Inselbahn* führt der Fahrrad- und Wanderweg in den Ort hinein. Der mit einer Teerdecke versehene Deich auf der rechten Seite schützt seit fast 100 Jahren die Marsch im Norden von Norddorf. An dieser Stelle hat man bei schönem Wetter einen direkten Blick bis zur Nordspitze (→*Odde*) der Insel, mit ihren großen →*Dünen*.

Am Nordrand von Norddorf kann dann die Tour weiter zum Strandweg und zum ehemaligen Meerwasserfreibad führen. Dort lohnt sich ein Besuch im Naturzentrum des →*Öömrang Ferian* oder in einer seiner Ausstellungen. Von hier aus sind es dann auch nur noch wenige Meter bis zum Kniepsand. Die Zeit für einen – abhängig vom Tidenstand – mehr oder weniger langen Spaziergang zur Wasserkante sollte man immer einplanen. Vorbei an den Eltern-Kind-Kurkliniken der AOK geht es zurück nach Norddorf. Das Ortszentrum wird vom Hotel Hüttmann geprägt. Dieses wurde schon 1892 gegründet (→*Gründung der Seebäder*). Cafés und kleine

Das Ortszentrum von Norddorf wird vom Hotel Hüttmann geprägt.

Läden laden zum Verweilen oder zu einem kleinen Bummel ein. Danach kann die Rückfahrt beginnen. Sie verläuft ein kurzes Stück auf der Hauptverkehrsverbindung der Insel, Richtung Wittdün. Nach wenigen hundert Metern besteht die Möglichkeit, nach rechts auf den Waldweg Richtung →*Vogelkoje* abzubiegen.

Der Weg führt durch lichte Kiefernbestände und wiederaufgeforstete Bereiche. Hier waren bis zu den Orkanen „Christian" und „Xaver" im Jahr 2013 im Wesentlichen nur Nadelbäume zu finden. Diese wurden im Rahmen der Wiederaufforstung durch verschiedene Laubbaumarten ersetzt. Nach einer Fahrt von 10–15 Minuten erreichen Sie die Vogelkoje (friesisch = „Meeram"). Rund um die Vogelkoje gibt es einen sehr schönen und informativen Naturerlebnispfad. Mit Kindern lohnt es sich, auch etwas Zeit für das Wildgehege und den Abenteuerspielplatz einzuplanen.

Alternativ dazu führt ein Weg am Wildgehege vorbei in die Dünen. Schon nach wenigen Gehminuten erreicht man in einem freigewehten Dünental ein geschichtlich interessantes Areal. Dort kann man die Rekonstruktion eines Stallhauses aus der Eisenzeit besichtigen.

Die Tour durch den Wald endet oft in den Dünen am Leuchtturm.

Zurück an der Vogelkoje geht es weiter über Waldwege, vorbei an Westerheide, einem Ortsteil von Nebel Richtung Wittün. Hier fährt man durch eine reizvolle Heidelandschaft mit Blick auf die Kirche von Nebel und das →*Wattenmeer.* Der Fahrradweg führt weiter zur Fachklinik Satteldüne und zum Strandübergang von →*Süddorf*. Schließlich endet die Tour durch den →*Wald* am Amrumer →*Leuchtturm*. Die letzten Kilometer verläuft der Weg parallel zur Straße, vorbei an den jüngeren Dünen der Insel. Kurz hinter dem Ortsschild von Wittdün passiert man die „Blaue Maus". Mit ihrer umfangreichen Whiskysammlung, der urigen Atmosphäre und regelmäßigen Live-Musik-Veranstaltungen ist diese Kneipe auch über die Insel hinaus bekannt.

Für die letzten Meter bis zum Anleger kann man dann zwischen der Wattseite und dem Weg parallel zur Strandpromenade wählen.

Am Anleger geht eine erlebnisreiche Tour zu Ende, die die Lust auf einen längeren Aufenthalt auf Amrum geweckt haben sollte.

Archäologie

Die ältesten Siedlungshinweise auf Amrum stammen aus der Jungsteinzeit und sind über 3000 Jahre alt. Von 1950 bis 1978 wurden in den Norddorfer →*Dünen* bei mehreren Ausgrabungen Grabkammern aus dieser Zeit entdeckt und ganz in der Nähe auch ein eisenzeitlicher Siedlungsplatz. Im Jahr 2014 wurde hier die Rekonstruktion eines „Wohnstallhauses" errichtet. Von der →*Vogelkoje* aus Richtung Quermarkenfeuer führt ein Bohlenweg an diesem historischen Areal vorbei.

In der Nähe von →*Steenodde*, →*Süddorf* und →*Norddorf* kann man außerdem die Reste von Grabhügeln erkennen. Die ältesten Hügel stammen aus der Bronzezeit (2200 bis 800 v. Chr.). Der „Esenhugh" bei Steenodde ist mit 5 m

Blick in den Nachbau eines eisenzeitlichen Wohnstallhauses.

Der „Esenhugh" ist der größte Grabhügel (oben) und der „Krümmwal" der geheimnisvollste. Nächste Doppelseite: Der Nachbau eines Wohnstallhauses in den Dünen.

Höhe der größte. Eine Reihe von Gräbern gehen wohl auch auf Wikinger zurück, die um 900 Amrum für die dänischen Könige in Besitz nahmen.
Sein Geheimnis bewahrt bis heute der halbkreisförmige „Krümmwal" zwischen →*Nebel* und Steenodde. Deutlich ist der Wall südlich der Nebeler Mühle, in der Nähe der Amrumer →*Schule* zu erkennen. Von dort aus verläuft er dann Richtung Steenodde.

Böle-Bonken-Bank – Sie steht direkt an der Wattkante auf halber Strecke des Fuß- und Fahrradweges von →*Nebel* nach →*Norddorf* und erinnert an den Lehrer und Küster Bandix Bonken (1839–1926). Daneben steht ein Holzkreuz mit der friesischen Inschrift „Uun Jesus as Rau an Freese" („In Jesus ist Ruhe und Frieden"). Sowohl die ursprüngliche Bank als auch das Holzkreuz wurden vermutlich von Bandix Bonken persönlich gestiftet. An ihn erinnert auch ein Straßenname in Norddorf. Er wurde auf Hallig Gröde geboren und arbeitete von 1865 bis 1893 in der Nebeler →*Schule*. Der Zusatz „Böle" ist die halligfriesische Bezeichnung für Onkel. „Böle" Bonken war beliebt bei seinen Schülern, obwohl er ein strenger Lehrer war und mit zunehmendem Alter großen religiösen Eifer entwickelte. Er ist auf dem Nebeler Friedhof begraben.

Direkt an der Wattkante steht die Böle-Bonken-Bank.

Friedhof der Heimatlosen – Gegenüber der Nebeler Mühle liegt etwas versteckt eine dicht mit Hecken umstandene Gräberfläche. Hier liegen die Toten begraben, die bei Unfällen auf See ums Leben kamen und deren Körper am Strand von Amrum angespült wurden. Der Friedhof für die namenlosen Unbekannten wurde nach der Gründung des Seebades vom damaligen Strandvogt Carl Jessen eingerichtet. Das älteste Grab stammt aus dem Jahr 1906. Davor wurden angespülte Körper oft ohne ein besonderes Ritual am Strand oder in den →*Dünen* vergraben. Dies sollte aber in Zeiten des sich ausweitenden Kurbetriebes nicht mehr ungeregelt geschehen. Insgesamt fanden 32 Menschen auf dem Friedhof der Heimatlosen ihre letzte Ruhestätte. Die letzte Bestattung fand hier 1969 statt. 2011 wurde das Areal neugestaltet. Aus dieser Zeit stammen

Öömrang Hüs, ein altes Kapitänshaus in Nebel, ist als Heimatmuseum zugänglich.

auch die hölzernen Schiffsskulpturen, die an verschiedenen Stellen zu finden sind. Bis heute zeigt sich die Kirchengemeinde von St. Clemens für die Pflege des Friedhofs verantwortlich und die Konfirmanden des jeweiligen Jahrganges führen die notwendige Pflegearbeiten durch.

Öömrang Hüs – Das ehemalige Haus des Kapitäns Wögen Knudten wurde 1752 erbaut und 1994 vom →*Öömrang Ferian* als Heimatmuseum der Öffentlichkeit zugänglich gemacht. Die Räume des ehemaligen Wohnbereichs zeigen die Wohnstube und das Kapitänszimmer. In der Küche steht der traditionelle Beilegerofen (Bilegger), mit dem gleichzeitig auch die Wohnstube geheizt wurde. Der Verein konnte im Laufe der Zeit noch

Nächste Doppelseite: Der ehemalige Wohnbereich im Heimatmuseum.

Am Ende des Bohlenwegs zum Kniepsand steht das Quermarkenfeuer.

viele weitere Exponate zur Lebensweise auf der Insel vor dem Beginn des Bädertourismus zusammentragen. Darunter z.B. auch wertvolle Fliesen aus der Zeit der großen Seefahrten. Einen gelungenen Einblick in das Leben der früheren Hausbewohner geben die regelmäßigen Führungen. Abgerundet wird das Angebot mit einer Ausstellung zum Leben von →*Hark Olufs*. Seit einigen Jahren kann die Wohnstube auch als Trauzimmer genutzt werden.

Quermarkenfeuer – Am Ende des Bohlenwegs von der →*Vogelkoje* Meeram zum →*Kniepsand* steht ein weiteres Seezeichen der Insel auf der letzten Dünenkette vor dem Strand. Der „Norddorfer Leuchtturm" dient der besseren Ansteuerung des Hafens von Hörnum auf Sylt. Er wurde 1906 errichtet und ursprünglich mit Gas betrieben. In der Nähe des Turms sind noch die Betonreste des Gasbunkers zu sehen. Die Dauerlichtsignale in den Farben Weiß, Rot und Grün haben je nach Farbe Reichweiten von fast 30 km.

Steenodder Kliff (inselfriesisch: Ual Aanj) – Eine etwa 1000 m lange Abbruchkante an der Wattseite der Insel zwischen →*Steenodde* und →*Nebel*.

Die sogenannten Strandhütten werden am Kniepsand nur in den Sommermonaten erlaubt, danach müssen sie vollkommen entfernt werden.

Die Abbruchkante Steenodder Kliff.

Wriakhörnsee – Eine Besonderheit stellt dieser See im Westen von →*Wittdün* am Beginn der Dünenlandschaft dar. Bis vor 50 Jahren gab es hier Austritte von Grundwasser und dadurch sumpfige Flächen. Um diesen zum Meer hin offenen Bereich zu schützen, wurde ein Sandwall errichtet. Das sich stauende Grundwasser führte dann letztlich zur Entstehung eines kleinen Sees.

Nächste Doppelseite: Eine Besonderheit stellt der Wriakhörnsee dar.

Brauchtum

Jedes Jahr werden im Februar an der Nordseeküste und auf den Nordfriesischen Inseln und Halligen große Holzstöße („Biakebonker") errichtet. Im Rahmen des „Biikebrennens" werden diese dann am Abend des 21. Februar im Rahmen eines großen Festes abgebrannt. Der Ursprung dieser Tradition ist nicht ganz klar. Vermutlich wurden aber die ersten Biikefeuer schon in heidnischer Zeit zu Ehren Wotans abgebrannt. Später waren sie lange Zeit mit der Verabschiedung der Walfänger verbunden. Inzwischen ist das Biikebrennen die touristische Attraktion zum Jahresbeginn. Jedes Inseldorf auf Amrum veranstaltet sein eigenes Biikefeuer und die Feuerwehren sind verantwortlich für den gefahrlosen Ablauf und die Versorgung der Besucherinnen und Besucher. Ein weiterer verbreiteter Brauch auf Amrum ist das

Jedes Jahr werden am 21. Februar die Biike-Feuer auf der Insel angezündet.

Die Grabstele von 1738 zeigt schon die Tracht der Insel Amrum.

„Hulken" am Silvesterabend. Viele Einheimische verkleiden sich und ziehen in kleinen Gruppen von Haus zu Haus. Die Hausbewohner müssen erraten, wer sich hinter den Masken verbirgt. Liegen sie richtig, gibt es je nach Alter einen Schnaps oder Süßigkeiten. Verabschiedet wird sich mit dem Segensspruch auf Inselfriesisch „Seegent nei juar!" („Ein gesegnetes neues Jahr!").

Auf Föhr und den Halligen wird ein sehr ähnlicher Brauch als „Rummelpottlaufen" bezeichnet.

Eine Amrumer Tracht wird erstmals im 16. Jahrhundert erwähnt. Das Aussehen der Tracht wurde von den Amrumerinnen von der Nachbarinsel Föhr übernommen.

Bis zum 18. Jahrhundert waren die Kleidungsstücke eher farbenfroh. Heute wird ausschließlich die Sonntags- und Festtagstracht (Seite 21) in den Farben Schwarz und Weiß getragen. Im Alltag der Insulaner spielt die Tracht eine wichtige Rolle, zum Beispiel bei der Konfirmation.

Deiche

Schon 1895 gab es erste Planungen, die Marsch zwischen →*Wittdün* und →*Steenodde* durch einen Deich zu sichern. Aber erst zwischen 1933 und 1935 wurden diese Pläne umgesetzt und ein 4,3 m hoher Deich errichtet. Im Februar 1962 brach dieser Deich bei der großen →*Sturmflut* auf einer Länge von 100 m. 1986 erfolgte eine Erhöhung auf 5,3 m. Heute verläuft auf dem Deich der Fahrrad- und Fußweg von Wittdün nach Steenodde.

Die bei Flut von Überschwemmungen bedrohten Wiesen nördlich von →*Norddorf* wurden 1933 ebenfalls mit einem 1700 m langen und 4 m hohen Deich gesichert. Dazu wurden 1951 Lahnungen angelegt. Dabei handelt es sich um Doppelpflockreihen, die ins Watt hineingebaut werden und mit Astwerk gefüllt sind. Sie sollen den Wellenschlag brechen und das Absetzen von Sediment begünstigen. Bei der Sturmflut von 1962 brach dieser Deich ebenfalls auf 300 m Länge und wurde insgesamt stark beschädigt. Es dauerte bis 1963, die Schäden zu reparieren. Gleichzeitig wurde der Deich auf 5 m erhöht und

mit einer Asphaltdecke versehen. Die Lahnungen an der Wattseite wurden ebenfalls wieder rekonstruiert und tragen bis heute zur Entwicklung des Vorlandes bei.

Auf dem Bohlenweg zur →*Odde* erreicht man die schmalste Stelle der Insel. Diese war seit jeher stark von Überflutungen bedroht. Nachdem die Odde 1954 bei Sturmfluten fast von der restlichen Insel abgetrennt und der gesamte Dünengürtel weggeschwemmt wurde, musste eine Lösung gefunden wurde. Etwa in der Höhe, wo sich heute der Abstellplatz

Um 1963 wurde bei Norddorf der 5 m hohe Deich mit einer Asphaltdecke versehen.

für Fahrräder befindet, wurde 1955 der etwa 200 m lange und 4,5 m hohe Gäärsdeeldeich gebaut. Dieser diente gleichzeitig als Ansatzpunkt für Sandanlagerungen. Läuft man heutzutage den Weg von der Watt- zur Seeseite durch den etwa 150 m breiten Dünengürtel, überquert man – wahrscheinlich ohne es zu ahnen – diesen Deich.

Das beschriebene Verfahren wurde auch schon Anfang des 20. Jahrhunderts weiter südlich an der Dünenkette am Strandübergang bei Norddorf angewendet. Bei dieser Anlage handelt es sich um den 600 m langen und 4 m hohen Risumdeich. Auch dieser wurde im Laufe der Zeit übersandet. Die bei der Sturmflut von 1825 in die Dünenkette gerissene Lücke wurde so nach fast 100 Jahren geschlossen. Wenn man heute in dem Bereich spazieren geht oder im Strandkorb sitzt, ist auch von diesem Deich nichts mehr zu erkennen.

Seit 2012 wird auch das flutgefährdete Nordende von →*Nebel* durch einen Deich geschützt.

Dünen

Die Dünen auf Amrum nehmen aktuell mit fast 10 km^2 die Hälfte der Inselfläche ein. Sie ziehen sich vom Rand des →*Kniepsands* bis zu den Waldbereichen und den Heideflächen im Osten der Insel.

An der Seeseite, wo die Amrumer Geest Kontakt mit dem nach der Eiszeit steigenden Meer hatte, bildeten sich vermutlich schon vor 7000 bis 8000 Jahren die ersten Dünen. Etwa 12 km westlich von Amrum liegt eine aus der vorletzten Eiszeit stammende Gesteinsablagerung (die „Amrum-Bank"). Diese Barriere könnte im Vergleich zur Situation auf der benachbarten Insel Sylt eine Kliffbildung an der Geest von Amrum verzögert haben.

Die heute auf Amrum vorhandenen

Immer wieder entstehen auf dem Kniepsand neue kleine Dünen.

Dünen entwickelten sich dann erst vor einigen Hundert Jahren. Das zurückweichende Geestkliff lieferte zusammen mit dem angespülten Sand aus der Nordsee das Material für die Sandnehrungen im Norden (→*Odde*) und Süden (→*Wittdün*) der Insel. Diese Nehrungen wurden sukzessive durch neue Dünenbildungen verlängert. Sehr wahrscheinlich erfolgte diese Nehrungsbildung zeitgleich mit der Entstehung der ältesten Dünenbögen, die heute vor →*Norddorf* sowie von der →*Vogelkoje* bis zur Leuchtturmdüne liegen. Da in dem von Dünen überwanderten Geestgebiet jungsteinzeitliche Gräber, Siedlungsspuren und Pflugspuren von 250 v. Chr. bis ins Mittelalter gefunden wurden, sind die ältesten und am weitesten östlich gelegenen Dünen wohl nicht älter als 1000 Jahre, wahrscheinlicher aber maximal 800 Jahre alt. Da es sich um mehrere Bögen handelt, dürften diese hohen Dünen an der westlichen Kante der Geest über einen Zeitraum von mehreren Jahrhunderten entstanden sein und bis heute rund einen Kilometer zurückgelegt haben. Das entspräche einer Geschwindigkeit von höchstens 1 m pro Jahr. Das wäre somit eine viel geringere Strecke im Vergleich zu den Dünen in List auf Sylt, die 3–4 m im Jahr wandern. Die Ursache dafür ist wahrscheinlich eine geringere Erosion am Kliff an der Westkante Amrums. Diese ältesten, bräunlich gefärbten Dünen („Braundünen") kamen bis heute nie völlig zur Ruhe, was an den vielen Ausblasungshängen und vegetationslosen Mulden zu erkennen ist. Zu vermuten ist, dass Kaninchen durch ihre Grabaktivitäten diese Entwicklung bis heute befördern.

Vor etwa 200 bis 300 Jahren entstanden die parallelen Dünenwälle am Strand von →*Nebel*. Es gab zwischen den alten und diesen jungen Dünen also offenbar eine längere Pause, in der nur relativ niedrige Dünen entstanden und landeinwärts wanderten. Man erkennt sie an ihrer eher grauen Färbung („Graudünen"). Dort brüten heute die meisten Möwen auf Amrum (→*Vögel*).

Seit den 1960er-Jahren ist eine neue Phase der Dünenbildung auf dem Kniepsand zu beobachten, die bis heute anhält. Diese Dünen sind nur von Strandquecke und Strandhafer

Nächste Doppelseite: Die ältesten Dünen auf der Insel sind vor über 800 Jahren entstanden.

bewachsen und werden als Primärdünen bezeichnet. So ein „Dünenkindergarten“ wächst zwischen Wittdün und dem →*Leuchtturm* sowie auf dem Kniephaken vor Wittdün. Die Folgen des künftig beschleunigten Meeresspiegelanstieges sind kaum zu prognostizieren. Die jungen Dünen könnten vom Wind getrieben auf vorhandenen Dünenwällen aufsatteln und abermals wie vor 800 Jahren zu einem sehr hohen Dünengebirge aufwachsen.

Zusammenfassend sind auf dem heutigen Amrum Dünen zu sehen, von denen die ältesten vor rund 800 Jahren entstanden sind und langsam ostwärts über die Geest zogen. Zeitgleich begannen die mit Dünen be-

Der Strandhafer ist die wichtigste Waffe der Küstenschützer gegen Wanderdünen und Sandflug.

setzten Inselhaken Odde und Wittdün zu wachsen. Danach kamen in unregelmäßigen Abständen immer weitere Dünen hinzu, sowohl an den Inselenden als auch am Kliff der Geest. In den letzten 50 Jahren setzte die neueste Bildungsphase ein, diesmal auf dem Kniep.

Schon die dänischen Könige forderten im Mittelalter die Bepflanzung der Dünen mit Strandhafer zum Schutz der Felder und Dörfer. Bis heute treten aber immer wieder Windrisse auf. Das verjüngt die Pflanzendecke und verhindert Bewaldung. Zwischen Wriakhörnsee und FFK-Zeltplatz haben Sturmfluten und Wind neue Dünenwanderungen ausgelöst. Um Trittschäden in der Dünenheide zu vermeiden, führen seit vielen Jahren Bohlenwege durch die Dünenbereiche bei Wittdün, →*Süddorf*, Nebel und Norddorf. In dem Amrum-Film „Luv und Lee“ wird der Bau und die Erneuerung der Bohlenwege im Winterhalbjahr gezeigt. Besondere Rundumsicht über die Dünenlandschaft bieten Aussichtsdünen bei Süddorf und Norddorf. Auch ein Besuch des →*Leuchtturms* ermöglicht bei guter Sicht einen Überblick.

Die Braundüne beherbergt die Krähenbeere.

Die Amrumer Dünen sind seit 1971 als →*Naturschutzgebiet* ausgewiesen. Hier findet man viele seltene →*Pflanzenarten.* Einmalig ist auch der Reichtum an bodenbrütenden Vögeln (mehrere Möwenarten, Brand- und Eiderenten, Austernfischer, Graugänse, Hohltauben, Dohlen u. a.) in den Dünen, da sie auf Amrum keine natürlichen Feinde, wie z. B. den Fuchs, zu fürchten haben.

Fährlinien

Ein regelmäßiger Schiffsverkehr zwischen dem Festland und Amrum begann nach der Gründung der Wyker Dampfschiffs-Reederei (WDR) im Jahre 1885. In den ersten Jahren wurden nur wenige Gäste befördert. Eine der ersten Routen führte mit dem Raddampfer „Freia" von Hamburg über Helgoland nach Amrum. Vor Amrum wurden die Fahrgäste dann „ausgebootet".

Der Anleger in Wittdün entwickelte sich in den letzten Jahren zur Drehscheibe der Adler-Schiffe. Hier kommt die „Adler Rüm Hart".

Das hieß, sie mussten in kleinere Boote umsteigen und wurden damit an Land gebracht. Die „Freia" fuhr anschließend weiter nach Wyk auf Föhr.

Mit der Gründung der ersten Seebäder auf Amrum kamen immer mehr Gäste im Linienverkehr auf die Insel. Der erste Schiffsanleger wurde 1889 am Wittdüner Nordstrand gebaut. Im Jahr 1895 folgte eine gemeindeeigene Brücke in →*Steenodde*.

Zu dieser Zeit war →*Wittdün* das einzige Seebad an der Nordsee mit einer Anlegemöglichkeit für größere Schiffe. Aber die Entwicklung blieb nicht stehen. Der Hamburger Reeder Albert Ballin hatte inzwischen die Nordseelinie von Hamburg über Helgoland nach Amrum und Föhr mit der berühmten HAPAG Reederei, deren Generaldirektor er war, übernommen. Nach 1900 verlagerte er den Zielhafen jedoch nach Hörnum auf die Nachbarinsel Sylt. Von dort wurden die Fahrgäste mit einer Eisenbahn weiter nach Westerland transportiert.

Die Wittdüner Aktiengesellschaft (→ *Tourismus*) brachte nun die Amrumer Besucher mit eigenen Dampfschiffen von Hörnum zum Anleger an der Seeseite von →*Norddorf* (→*Kniepsand*).

Die Doppelendfähre „Uthlande" der WDR wurde am 15. Juni 2010 in Dienst gestellt.

Daraufhin wurde auch die Strecke der →*Inselbahn* von Wittdün nach Norddorf verlängert. Diese Verbindung hatte bis zum Ausbruch des Zweiten Weltkrieges Bestand.
Es gab aber noch weitere neue Vorhaben für mögliche Fährverbindungen nach Amrum. So versuchte die „Andresen'sche Dampfschiffs Reederei" eine Verbindung von Husum nach Amrum aufzubauen. Die Strecke wurde mit mehreren Dampfern betrieben. Die Fahrt dauerte $3^1/_2$ Stunden und führte an der Insel Nordstrand vorbei.1906 wurde diese Verbindung bereits wieder eingestellt, nachdem ein Damm zwischen Nordstrand und dem Festland gebaut wurde und sich dadurch die Fahrzeit deutlich verlängerte. Der dadurch bedingte Rückgang der Fahrgastzahlen trieb die Gesellschaft letztendlich in die Pleite.
In der Folgezeit trat ein neuer Anbieter auf den Plan, die 1885 gegründete Wy-

ker Dampfschiffs-Reederei (WDR). Ihre Route entwickelte sich schnell zur wichtigsten Fährverbindung der Insulaner. Diese Verbindung nutzte den bis dahin eher wenig beachteten Küstenort Dagebüll als Fährhafen und führte über die Norderau, einen Priel. Diese Route war tideunabhängig nutzbar und verkürzte die Fahrtzeit wesentlich. Außerdem konnte sie auch im Winter befahren werden. Für einen wirtschaftlichen Aufschwung sorgte zusätzlich der Bau einer Kleinbahn von Dagebüll nach Niebüll im Jahr 1895.

Bis 1912 lag der Zielhafen der WDR-Schiffe auf Amrum in Steenodde. Nach dem Ersten Weltkrieg übernahm die WDR dann die Fährverbindung von Norddorf nach Hörnum. 1931 kamen der Betrieb der Inselbahn und später auch die Busverbindung zwischen den Inseldörfern und dem Fähranleger in Wittdün hinzu.

Zwischen 1960 und 1971 gab es dann noch einmal lokale Konkurrenz für die WDR. Aus der Halligreederei Jakobs entwickelte sich die Amrumer Schifffahrts AG (ASAG). Viele Amrumer un-

Die Adler Cat fährt von Wittdün nach Helgoland und Sylt.

Seiteneinstieg der Fähren der WDR ist wohl der Standard für die nächsten Jahre.

terstützten die neue Schifffahrtslinie, meist aus Verärgerung über die Geschäftspolitik der WDR. Diese nahm aus Sicht der Einheimischen zunehmend weniger Rücksicht auf die Belange der Insulaner. Letztendlich hatte die ASAG aber zu wenig Geschäftskapital für einen nachhaltigen Wettbewerb und wurde so im Jahr 1971 von der WDR übernommen. Ab 1972 setzte die WDR dann die ersten Autofähren ein, die ab 1976 den neuen Fähranleger bei Wittdün nutzen konnten.

Und 2012 begann der Betrieb der Seiteneinstiege, der in Kombination mit der neuesten Fährengeneration den Standard für die kommenden Jahre darstellen wird.

Fischerei

Plattfische stellen heute 75 Prozent aller Fische im →*Wattenmeer*. Schollen, Flundern und Klieschen sind die häufigsten Arten. Das Wattenmeer ist außerdem die Kinderstube vieler Fischarten, die als erwachsene Tiere in der Nordsee leben.

Insgesamt können bis zu 700 verschiedene Fischarten im Wattenmeer nachgewiesen werden.

Während der letzten Jahrhunderte gab es dabei immer wieder Arten, die Massenvorkommen entwickelten.

So gab es im 15. und im 16. Jahrhundert vor Helgoland riesige Vorkommen von Heringen (*Clupea harengus*). Viele Fischer der Nordseeküste gingen in dieser Zeit dort auf Fang. Dazu gehörten auch bis zu 20 Kutter von Amrum. Sie hatten ihren Standort im Kniephafen auf der Westseite der Insel in Höhe der Satteldüne.

In den folgenden Jahrhunderten wurde die Fischerei nur noch zum Ei-

Die Scholle gehört zu den häufigsten Fischen im nordfriesischen Wattenmeer.

In früheren Zeiten wurden von den Fischern viele Heringe vor der Insel Helgoland gefangen.

genbedarf betrieben. Eine Ausnahme war die Bewirtschaftung der Vorkommen der europäischen Auster (*Ostrea edulis*) in der Umgebung der Insel. Um 1890 gab es im nordfriesischen Wattenmeer noch etwa 50 „Austernbänke", davon 14 bei Amrum. Im Winterhalbjahr fuhren die Kutter der Insel zum „Austernstrich". Um 1824 wurden während einer solchen Saison 2000 Tonnen Austern geerntet. Durch diese Ausbeutung verschwanden die wilden Austern bis zum Beginn des 20. Jahrhunderts komplett. Sie wurden in den Siebzigerjahren auf Sylt und an anderen Stellen der Nordseeküste durch Kulturen der pazifischen Auster (*Crassostrea gigas*) ersetzt. In den letzten Jahrzehnten hat sich dann diese eingebürgerte Art im gesamten Wattenmeer ausgebreitet und man findet bei Wattwanderungen überall die großen, gezackten Schalen.

Friesisch als Sprache

Zwischen dem 7. und dem 8. Jahrhundert siedelten sich die ersten Friesen auf Amrum und den umliegenden Bereichen (den „Uthlanden“) an. Sie entwickelten eine eigene Sprache, das Amrumer Friesisch („Öömrang“). Durch die Nähe zur Nachbarinsel gibt es viele Gemeinsamkeiten mit dem Föhrer Friesisch („Fering“). Mit der →*Gründung der Seebäder*, aber auch durch den Zuzug vieler Vertriebener nach dem Zweiten Weltkrieg, nahm die Zahl der Haushalte mit Friesisch als Muttersprache immer mehr ab. Heute spricht vermutlich nur noch die Hälfte der Insulaner das ursprüngliche „Öömrang“. Daher wird heute in den ersten Klassen der Amrumer →*Schule* auch wieder Friesisch unterrichtet. Außerdem gibt es mit dem →*Öömrang Ferian* einen Verein, der sich sehr engagiert um den Erhalt der Sprache kümmert. Seit den 1980er-Jahren haben die Straßen von →*Nebel* und

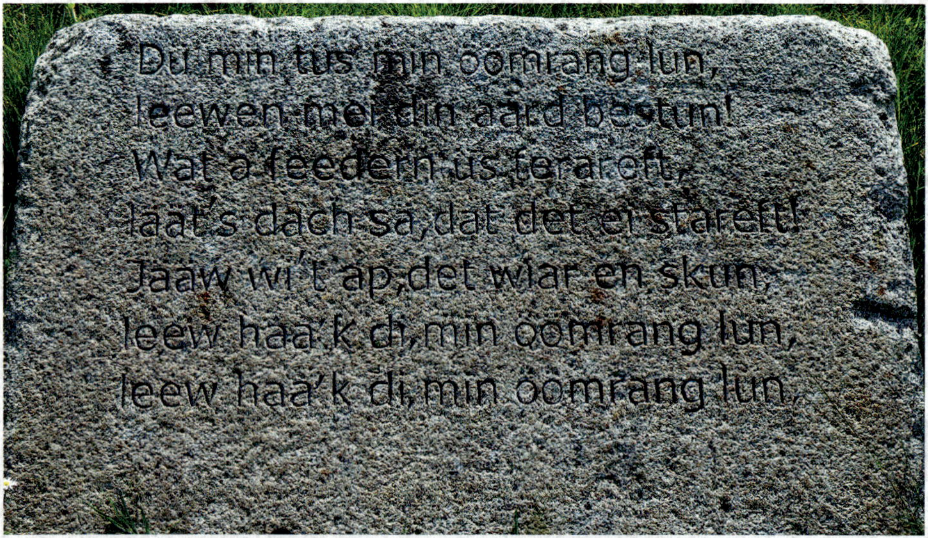

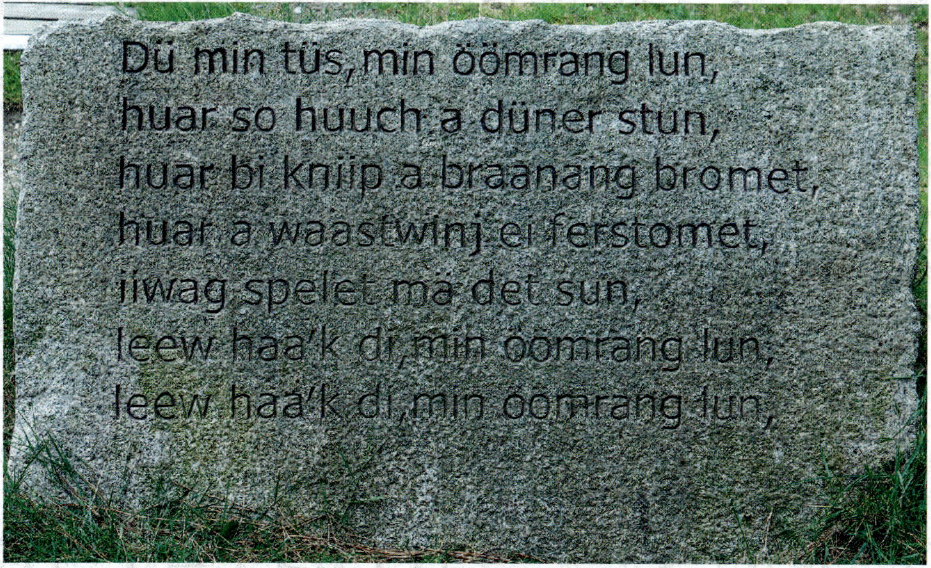

→*Norddorf* auch wieder ihre ursprüngliche friesische Benennung.
Einen Eindruck der Sprache vermitteln die Liedverse des Föhrer Lehrers Lorenz Conrad Peters (1885–1949). Sie dienen den Amrumern als eine Art „Amrumer Hymne" und werden nach der Melodie „In der Heimat ist es schön" gesungen. Jeweils eine der vier Strophen des Liedes wurde auf Gedenksteinen an der Aussichtsdüne bei →*Wittdün*, in →*Steenodde*, am Öömrang Hüs in Nebel und in Norddorf verewigt.

Dü min tüs min öömrang lun,
leewen mei din aard bestun!
Wat a feedern üs ferareft,
läät's dach sä, dat det ei stareft!
lääw wi't ap, det wiar en skun,
leew haa'k di, min öömrang lun

(Die Übersetzung des Textes ins Hochdeutsche befindet sich am Ende des Glossars S. 139.)

Gründung der Seebäder

Im Jahr 1885 kam es zum ersten Versuch der Gründung eines Seebades auf Amrum. Der Architekt Ludolf Schulze (1840–1893) aus der Nähe von Hannover machte 1885 Urlaub auf Föhr und wollte auf Amrum eigentlich nur malen. Er war so begeistert von der Insel, dass er beim Gemeinderat eine Badekonzession für die Südspitze der Insel beantragte. Dieser Antrag wurde aber schnell abgelehnt. Die Gemeinderäte hatten Bedenken und „befürchteten den Verderb der guten hiesigen Sitten". Schulze ließ sich aber nicht entmutigen, kaufte das Gasthaus „Zum lustigen Seehund" in →*Steenodde* und gründete gemeinsam mit einigen Insulanern einen Fremdenverkehrsverein, der zusammen 65 Betten für Gäste anbieten konnte. Damit war die weitere Entwicklung nicht mehr aufzuhalten. Im Jahr 1886 wurde die Gemeindevertretung dann letztlich vom königlichen Landvogt angewiesen, eine Badekonzession zu vergeben. Der Amrumer Volkert Martin Quedens (1844–1919) kaufte Grundstücke an der Südspitze, ließ 1890 ein Hotel aus Fertigteilen bauen und die erste Badesaison begann offiziell am 1. Mai 1890. Schon zwei Jahre später verkaufte er sein Hotel an den aus Tondern stammenden Hotelier Heinrich Andresen (1853). Andresen hatte durch die Gründung der „Aktiengesellschaft Wittdün-Amrum"

Das ehemalige Gasthaus „Zum lustigen Seehund".

(AGWA) genügend Kapital, um Quedens und einen weiteren Hotelier auszuzahlen. Die AGWA betrieb nun den Ausbau des noch jungen Seebads im großen Stil. Im Mittelpunkt stand das große Kurhaus auf der Amrumer Südspitze. Es sollte bis 1974 das Wahrzeichen für viele Amrum-Urlauber sein.
Inzwischen hatten aber auch die konservativen Einheimischen Pläne zum Aufbau eines christlichen Seebades entwickelt. Sie konnten den Leiter der Diakonie-Anstalt in Bethel, den Pastor Friedrich Bodelschwingh (1831–1910), dafür gewinnen. Er gründete ebenfalls im Jahr 1890 sein erstes Seehospiz nördlich von →*Norddorf* in der Nähe des Strands. Er wählte Norddorf als Standort, da ihm die Nordsee im Süden der Insel zu wenig „Wellenschlag" bot.
Weitere Hospize wurden 1893 und 1895 am Strand von Norddorf gebaut. Letztlich war Norddorf damit auch zu einem Seebad geworden. Das Seehospiz I wurde erst 2001 abgerissen und noch heute erinnert ein Gedenkstein an die Zeit der christlichen Hospize.
Im Jahr 1892 kam dann Heinrich Hüttmann nach Amrum und baute das ehemalige Schulhaus in Norddorf zum Hotel aus.
→*Nebel* und →*Süddorf* wurden erst 1938 offiziell zu Seebädern ernannt.

Es erinnert nur noch ein Gedenkstein auf der Norddorfer Marsch an die Zeit der christlichen Hospize.

Hark (Harck) Olufs

Hark Olufs wurde am 19. Juli 1708 als Sohn des Kapitäns Oluf Jensen auf Amrum geboren. Sein Berufsweg war daher mehr oder weniger vorbestimmt. Mit 21 Jahren ging er an Bord eines Schiffes seines Vaters. Drei Jahre später wurde das Schiff von Kaperern überfallen und mit der Besatzung nach Algier entführt. Da seine Eltern ein Lösegeld nicht aufbringen konnten, verkauften ihn seine Entführer auf dem Sklavenmarkt an den Bey von Constantine. Dort lebte Hark Olufs zunächst als Diener des Bey. Im Laufe der Zeit konnte er sich jedoch eine Vertrauensposition erarbeiten. Zunächst diente er als Schatzmeister und verwaltete damit die Finanzen seines Herren, später wurde er sogar zum Kommandanten von dessen Leibgarde ernannt. Er trat zum Islam über und nahm an einer Pilgerfahrt nach Mekka teil. Nachdem er 1735 an der Eroberung von Tunis durch die algerische Armee teilgenommen hatte, wurde er vom Bey freigelassen. Er kehrte nach Amrum zurück. Dort heiratete er Antje Harcken und gründete in →*Süddorf* eine Familie. Das Paar bekam vier Töchter und einen Sohn. Leicht fiel ihm das Leben auf der Insel wohl nicht. Er wirkte auf die Insulaner sehr fremdartig und brachte nach den langen Jahren in der Fremde viele exotische Bräuche und Geschichten auf die Insel. Anfang der Vierzigerjahre berichtete er sogar dem dänischen König Christian VI. von seinen Abenteuern und veröffentlichte schließlich auch seine Autobiografie. Zudem weckte sein in den Jahren im Dienst des Beys erworbener Reichtum sicherlich den Neid vieler Insulaner. 1754 starb er im Alter von 46 Jahren in Süddorf auf Amrum. Auf dem Friedhof in →*Nebel* erinnert noch heute ein Grabstein an sein Leben und sein großes Abenteuer (→*Kirche und Friedhof in Nebel*). Erhalten blieb auch der Grabstein seines Vaters Oluf Jensen. Das Geburts- und Wohnhaus von Hark Olufs im Ortskern von Süddorf ist auch heute noch vorhanden. In einem kleinen Hofladen kann man dort Lebensmittel aus Amrumer Produktion erwerben.

Auf dem Friedhof in Nebel erinnert noch ein Grabstein an Hark Olufs.

ALS HEILIGE
CKISCHEN SEE RAÜBERN ZU ALGIER IST
ER Aº 1724 d 24 MARTŸ GEFANGEN
DASFOLGENDE JAHR DARAUF ALS Aº 1736
Aº 1737 IN DEM STANDE DER HEILIGEN
EHE BEGEBEN MIT
EINEN SOHN UND 4 TÖCHTER
46 JAHR UND 13 WOCHEN

Inselbahn

Nach der Gründung des Seebads in →*Wittdün* 1890, baute die Aktiengesellschaft Wittdün und Amrum erste Schienen für eine Eisenbahnverbindung von Wittdün zum →*Kniepsand*. Ab 1901 gab es eine weitere Strecke von Wittdün nach →*Nebel*. Ein Jahr später wurde die Bahn bis zur Anlegebrücke auf der Seeseite von →*Norddorf* weitergebaut. Im Jahr 1907 übernahmen die Elektrizitätswerke Düsseldorf den Betrieb. Geplant war die Weiterentwicklung zu einer elektrifizierten Straßenbahn. Diese Idee erwies sich aber als nicht praktikabel. Zwar wurde 1909 die südliche Trasse der Wittdüner Strandbahn aufgegeben und eine Strecke neu gebaut, die in der Nähe des Leuchtturms nach Westen und dann nach Südwesten zum Kniep abzweigte. Zusätzlich wurde der nördliche Streckenast bis zum neuen Kniephafen verlängert. Im gleichen Jahr begann der elektrische Betrieb mit 700 Volt Gleichstrom und Elektrotriebwagen. Bereits im Folgejahr beendete aber ein Brand im Elektrizitätswerk den elektrischen Betrieb, sodass in der Folge die Strecke mit Dampflokomotiven unter Fahrdraht aufgenommen wurde. Bedingt durch finanzielle Schwierigkeiten wurde der Betrieb 1911 von der Reederei HAPAG übernommen.

Die damalige Inselbahn auf dem Kniepsand.

1918, während des Ersten Weltkriegs, wurde der Bahnbetrieb vorübergehend eingestellt und 1920 der Fahrdraht durch die inzwischen verantwortliche Amrumer Inselbahn AG abgebaut. Die Elektrotriebwagen wurden in den folgenden Jahren noch als Waggons genutzt. Die Bahn kam 1931 unter Zwangsverwaltung und wurde von der WDR übernommen. Allerdings häuften sich die betrieblichen Probleme. Die Fahrtzeit auf der fast zwölf Kilometer langen Hauptstrecke betrug etwa eine Stunde. Während der gesamten Betriebsdauer hatten die Betreiber der Amrumer Inselbahn mit Schwierigkeiten zu kämpfen. Dazu trugen der schlechte Zustand der Gleise, die dauernde Versandung und das nicht ausreichend vorhandene Kapital bei. Zahlreiche Defekte und kleine Unfälle machten die Bahn zum Gespött der Touristen und Einheimischen. „Es rüttelt und schüttelt und kommt nicht voran, das ist die Amrumer Inselbahn."

1938 wurde der Bau einer befestigten Straße von Wittdün nach Norddorf geplant, da die Bahnstrecke nur unter großem finanziellen Aufwand zu betreiben war. So wurde die Amrumer Inselbahn am 31. Oktober 1939 nach 46 Betriebsjahren stillgelegt und bereits ein Jahr später das Schienennetz abgebaut. Erst 1948 kam dann aber die asphaltierte Straße von Wittdün nach Norddorf.

Heute kann man in Norddorf noch den Verlauf der Trasse auf der Innenseite des Risum-Deiches (→*Deiche*) erkennen. Südlich davon verläuft ein asphaltierter Fußweg auf der alten Strecke durch die Dünen. Auch am Südrand von Norddorf ist der Bahndamm, der hier etwa einen Meter hoch ist und eine Kurve aufweist, noch gut zu sehen. Im Süden verläuft heute die Landstraße auf der ehemaligen Bahntrasse. Nördlich von Nebel erkennt man ebenfalls den Bahndamm, der östlich der Landstraße ein kurzes Stück verläuft.

Auf der Insel sind inzwischen keine Gebäude mehr erhalten, die in Verbindung mit der Inselbahn standen.

Obwohl die Inselbahn schon lange nicht mehr auf Amrum fährt, gibt es eine Erinnerung an sie mit der „Amrumer Inselbahn" oder „Insel-Paul": Ein zur Lokomotive umgebauter Geländewagen mit zwei Anhängern ist während der Saison auf Inselrundfahrt unterwegs.

Die heutige Amrumer Inselbahn.

Jungnamensand

Der Jungnamensand ist eine Sandbank 2,5 km westlich des →*Kniepsands* in der Höhe von →*Norddorf*. Selbst bei Flut liegt eine Fläche von etwa 400 m² trocken. Nördlich dieser Fläche liegen noch zwei weitere kleinere Sandbänke, „Hörnumknob" und „Theeknob".

Der Jungnamensand ist Teil der Schutzzone 1 (Kernzone) des →*Nationalparks* und daher für Menschen gesperrt. Er ist neben der Helgoländer Düne und der Kachelotplate bei Juist das einzige Gebiet, in dem →*Kegelrobben* in Deutschland ihre Jungen zur Welt bringen.

Allerdings wird der Jungnamensand durch den steigenden Meeresspiegel in Folge des Klimawandels in wenigen Jahren bei Flut komplett überschwemmt werden. Daher weichen die Kegelrobbenmütter heute schon für die Geburt an die Odde und auf die Düne von Helgoland aus.

Kaffeekrieg

Zwischen 1807 und 1814 kam es in Folge der Napoleonischen Kriegswirren auch zu Auseinandersetzungen zwischen Dänemark und England. Amrum gehörte zu dieser Zeit zu Dänemark und alle Männer zwischen 16 und 60 Jahren wurden zu einer „Küstenmiliz" einberufen. Am 25. April des Jahres 1810 kam es zu einer Landung britischer Truppen auf Amrum. Sie wollten eine Ladung Kaffee zurückholen, die der Amrumer Strandvogt Volkert Quedens im Namen der dänischen Regierung nach der Strandung einer britischen Brigg beschlagnahmt hatte. Die Amrumer hatten keinerlei Kampferfahrung und so gelang es den Eindringlingen ohne Probleme, den bei →*Steenodde* gelagerten Kaffee in ihr Boot einzuladen. Auf dem Rückweg zu ihrem vor Amrum ankernden Kriegsschiff liefen sie aber bei Ebbe auf eine Sandbank. Die Amrumer fassten Mut und beschossen den Trupp mit Kanonen. Außerdem kamen dänische Schiffe von Föhr zur Hilfe. Die Engländer ergaben sich und so endete die englische „Invasion" auf Amrum ohne Verletzte und Tote mit einem Sieg der Insulaner.

Kegelrobben

Im Jahr 1988 kamen auf dem →*Jungnamensand* nach langer Zeit erstmals wieder Kegelrobben im Wattenmeer zur Welt. Die bis zu 3 m große und bis 300 kg schwere Robbenart konnte sich in den Folgejahren zu einer stabilen Population entwickeln. Inzwischen leben in der Nähe von Amrum und auf der Düne der einzigen deutschen Hochseeinsel Helgoland wieder ca.100 bis 200 Individuen. Im gesamten →*Wattenmeer* von Dänemark bis zu den Niederlanden gibt es derzeit etwas über 5000 Exemplare. Im Vergleich dazu wurden im gleichen Gebiet mehr als 10 000 →*Seehunde* gezählt.

Die Besiedlung des Wattenmeeres erfolgte vermutlich durch Tiere von der schottischen Küste. Während der Frühzeit auf Amrum (→*Archäologie*) gab es wohl ausschließlich Kegelrobben im Meer vor der Insel. Dies kann aus Knochenfunden in der Nähe von Siedlungen aus der damaligen Zeit geschlossen werden.

Der Jungnamensand wird in den letzten Jahren immer öfter überflutet und dadurch immer seltener von Kegelrobben für die Aufzucht ihrer Jungen genutzt. Dafür weichen einige Tiere auf den →*Kniepsand* oder an die

→*Odde* aus, um ihre Jungen zur Welt zu bringen. Dies geschieht im Winter zwischen November und Februar. Die Jungtiere werden dann oft alleine angetroffen, da die Mutter nur zum Säugen an den Wurfplatz kommt. Bei einer Begegnung mit einem vermeintlich verlassenen Jungtier sollte dieses keinesfalls angefasst werden. Gegebenenfalls kann man die Mitarbeiter eines für die Überwachung der Wurfplätze verantwortlichen Naturschutzvereins informieren. Diese geben auch Hinweise zum richtigen Verhalten gegenüber den Tieren. Immerhin handelt es sich bei einem ausgewachsenen Kegelrobbenbullen um den größten derzeit in Deutschland vorkommenden Beutegreifer. Mit ihrem mächtigen Gebiss können diese Tiere sogar Seehunde und →*Schweinswale* jagen.

Einen besonderen Platz wählte 1999 ein Kegelrobbenweibchen für sein Jungtier. Das Jungtier wurde durch eine hohe Flut auf den Fähranleger in →*Wittdün* verdriftet, wo es auch von der Mutter gesäugt wurde.

2017 geriet ebenfalls ein Kegelrobbenbaby auf den Fähranleger. Es hatte den Kontakt zu seiner Mutter verloren und wurde zur weiteren Pflege in die Seehundstation nach Friedrichskoog gebracht.

Kirche und Friedhof in Nebel

Den Mittelpunkt von →*Nebel* bildet heute die St.-Clemens-Kirche. Das Kirchenschiff wurde bereits 1236 gebaut. Es handelte sich ursprünglich um einen Holzbau, der ohne weitere umliegende Häuser auf dem Geestrücken stand. Der Ort des Baus war wohl ein Kompromiss der Einwohner von →*Nord-* und →*Süddorf*. Die Kirche wurde von der Gemeinde St. Johannis in Nieblum auf Föhr betreut und der Pfarrer kam zum Gottesdienst mit dem Boot. Nach und nach wurde der Holzbau durch einen Backsteinbau mit Reetdeckung ersetzt. Im Jahr 1623

Seine heutige Gestalt erhielt das Kircheninnere weitgehend zu Ende des 19. Jahrhunderts.

wurde die Kanzel aus Tannenholz gefertigt. 1634 wurde der Flügelaltar als Dank für das Überleben der „Zweiten Groten Mandränke" eingebaut. Die zwei Kronleuchter aus Messing wurden 1671 und 1685 von Amrumern gestiftet. Vor 1700 wurde die Westempore errichtet, später wurde auch eine Nordempore eingebaut. Erst im Jahr 1908 erhielt die Kirche durch den Bau des Glockenturms ihr heutiges Aussehen. Auf Seite 69 zeigt das Bild eines Gemäldes von Carl Ludwig Jessen die Kirche ohne Turm.

Erst 1908 erhielt die Kirche in Nebel einen Glockenturm.

Auf dem Friedhof rings um die Kirche befinden sich neben den Grabsteinen der heutigen Gemeinde auch 169 aus Sandstein gefertigte Grabmale aus dem 17. und 18. Jahrhundert. Sie bieten als „sprechende Steine" mit ihren ausführlichen Texten und Bildern eine Zeitreise in die Welt der Amrumer Vergangenheit der Walfänger und Kapitäne und ihrer Familien. Lange Zeit lagen diese Steine eher unbeachtet an verschiedenen Stellen des Friedhofs. Engagierte Amrumer schafften es, mit Hilfe zahlreicher Paten und Unterstützer die finanziellen Mittel zur Restaurierung der Steine aufzubringen.

Seit 2013 stehen die Steine auf einem eigenen Areal des Friedhofs. Die Inschriften sind nun wieder lesbar und zusätzlich kann man die Texte unter der Internetadresse http://www.erzaehlende-steine.de in Ruhe anschauen. Zusätzlich ist auf jedem Stein ein „QR"-Code zu finden, der die Inschriften ebenfalls lesbar macht.

Nächste Doppelseite: Auf dem Friedhof der St.-Clemens-Kirche begegnet man Amrumer Geschichte. Die reich verzierten Grabsteine erinnern an die Blütezeit der Insel.

auf der See
must ich mein Leben wagen,

VOR SCHIFFER HAB ICH GEFAHREN
VIEL JAHR UND LANGE ZEIT
MIT VOLCK AUCH KAUFMANNS-WAHREN
AUF DER ELB WEŸSER UND ANDER WELT
DABEŸ AUCH AUSGESTANDEN
VIEL SORGE TAG UND NACHT
IN SEE UND AUCH AUF STRANDEN
DER HERR MICH GUT HAT BRACHT
Andres Finck
Ao: 1740

Klimawandel

Der durch menschliche Aktivitäten verursachte erhöhte Ausstoß von fossilem Kohlenstoff führt mittelfristig zu einem andauernden Anstieg der durchschnittlichen Luft- und Wassertemperaturen. Diese Temperaturerhöhungen bewirken in der Folge einen stetigen Anstieg der Meeresspiegelhöhe. Selbst wenn es gelingen sollte, die durchschnittliche Erhöhung der Temperatur auf 1° Celsius bis 2100 zu begrenzen, ist von einem Anstieg des Meeresspiegels bis zu diesem Zeitpunkt um mehr als einen Meter auszugehen. Seit Anfang der 1990er-Jahre steigt der Meeresspiegel im Bereich der Inseln und Halligen jedes Jahr um 3,4 mm an. 75 Prozent dieses Anstiegs werden durch das Abschmelzen von Gletschern und anderen Eismassen weltweit verursacht.

Diese Veränderungen bedeuten für die Nordfriesischen Inseln und Halligen eine existenzielle Bedrohung. Durch die Erhöhung der Wassertemperaturen rund um die Insel ist gleichzeitig auch mit einer Veränderung der Lebensgemeinschaften der Pflanzen und Tiere im Watt und in den Prielen zu rechnen. Dies wird wahrscheinlich zu unvorhersehbaren Folgen für das Überleben von Brut- und Rastvögeln im Bereich des Wattenmeeres führen.

Klinik Satteldüne

Der Fahrradweg durch den Wald von Nebel in Richtung →*Süddorf* führt entlang der ausgedehnten Anlagen der Fachklinik Satteldüne. Der Träger der Einrichtung ist die Deutsche Rentenversicherung Nord. Behandelt werden Kinder und Jugendliche mit Stoffwechselerkrankungen, Erkrankungen der Atmungsorgane und Hauterkrankungen.

Der Standort in der Nähe der Satteldüne hat eine lange Geschichte. Parallel zur Gründung des Seebads in →*Wittdün* und zur Errichtung des ersten Seehospizes in →*Norddorf* entstand im Jahre 1891 an dieser Stelle ein Kurhaus für ein „Publikum der besten Klassen". So ist es in einer Werbebroschüre der Betreibergesellschaft aus den Anfangsjahren zu lesen.

Die Besucher erwarteten ein umfangreicher Service und luxuriöse Zimmer. Ein vielfältiges Freizeitprogramm und die Ruhe der Dünenlandschaft sollten den erschöpften Gästen vom Festland Erholung bieten.

Kurhaus Satteldüne um 1891.

Die Investoren aus Wandsbek konnten die Insolvenz des ambitionierten Projektes schon 1895 nicht mehr aufhalten. Das „Kurhaus Satteldüne" wurde von der Aktiengesellschaft Wittdün (→*Gründung der Seebäder*) übernommen. Die neue Gesellschaft nannte sich „Aktiengesellschaft Nordseebäder Wittdün und Satteldüne". Nach dem Konkurs auch dieser Gesellschaft im Jahr 1906 wurde das Kurhaus nach dem Ersten Weltkrieg zu einem Kindererholungsheim umgebaut. Das Heim hatte unter der Leitung von „Fräulein Doktor" Hilda Schönecke und der Pflegeleiterin Hildegard Grothe bis 1986 Bestand. Die beiden entwickelten sich zum Glücksfall für das Heim und die Insel, so half die Medizinerin auch als Ärztin in den Inseldörfern aus. In den Vierzigerjahren wohnten dann Flüchtlinge aus dem Osten Deutschlands in dem Heim. In den Fünfzigerjahren wurden wieder kranke Kinder aufgenommen, darunter auch viele Tuberkulose-Patienten. In diese Zeit fielen auch umfangreiche Erweiterungen und Modernisierungen, inzwischen verantwortet von der Landesversicherungsanstalt.

Im Jahr 1987 wurde der Neubau der Kinderfachklinik Satteldüne (Bild oben) eingeweiht, ein großer Teil der alten Gebäude wurde abgerissen und durch die heutige Fachklinik für Kinder und Jugendliche in Trägerschaft der DRV Nord ersetzt.

Kniepsand

Der breiteste und längste Strand an der deutschen Nordseeküste ist etwa 11 km² groß und ist bei näherer Betrachtung eigentlich nicht Teil der Insel. Es handelt sich vielmehr um eine vom Meer aufgespülte Sandbank, vergleichbar den großen Außensänden vor den Halligen Norderoog, Süderoog und Hooge.

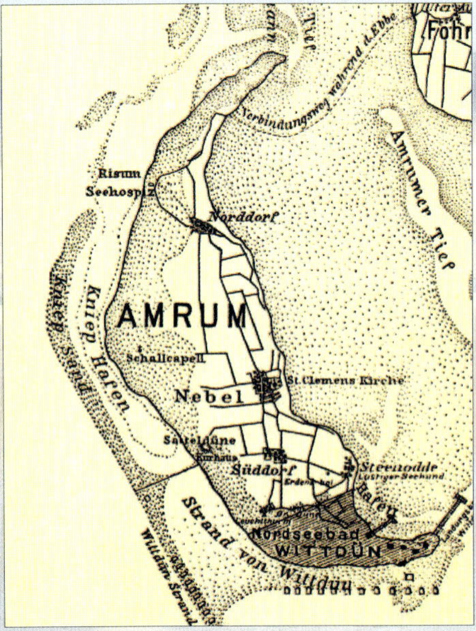

Der Sand wurde mit der Flut aus westlicher und südwestlicher Richtung zu den Flachwasserbereichen vor Amrum transportiert und im Laufe der Jahrhunderte immer mehr angehäuft. Die ältesten Seekarten aus dem 16. Jahrhundert zeigen den südlichen Rand des Sandes in der Höhe von →*Süddorf* direkt am Dünenrand, während der sich in nordwestliche Richtung erstreckende Teil der Sandbank weit in die Nordsee hinausragte. Seit dieser Zeit hat der Kniepsand seine Form wiederholt geändert. Bis ins 19. Jahrhundert hinein verlagerte sich der Kniepsand in fast der gesamten Länge parallel zum Dünenrand der Insel. Bis ca. 1900 gab es aber eine Lücke zwischen Dünenrand und Sandbank mit einer Öffnung nach Norden hin. Dort befand sich der „Kniephafen“. Das Wasser war bei Flut hier so tief, dass dort Austernkulturen angelegt wurden und Schiffe ankern konnten.

Die Zeichnung (links) zeigt die Situation auf Amrum vor 1900.
Der Kniepsand ist der breiteste und längste Strand an der deutschen Nordseeküste.

Krabben

Nordseegarnelen (*Crangon crangon*) gehören zu den Zehnfußkrebsen. Sie werden landläufig zumeist als „Krabben" bezeichnet. Allerdings sind sie nicht mit den auch im Watt vorkommenden Strandkrabben (*Carcinus maenas*) verwandt. Sie werden bis zu acht Zentimeter lang und sind sandfarben. Man erkennt sie sofort an den Scheren und den langen Fühlern. Da sie von vielen anderen Tieren gejagt werden, vergraben sie sich flach im Sand. Mit der Flut wandern sie auf die Wattflächen zur Nahrungssuche. Bei Ebbe ziehen sie sich wieder in die Priele zurück.

Aus dem „Steuerhaus" werden die frisch gefangenen Krabben verkauft.

Sie gelten heutzutage als begehrte Delikatessen. Das war in der Zeit vor dem Massentourismus noch anders. Für die Familien auf den Inseln und Halligen gehörten die Garnelen zu den ganz normalen Lebensmitteln. Man fing die „Porren" bei Niedrigwasser mit einem speziellen Netz („Puuk"oder „Gliep") in den Prielen. Zuständig für den Fang waren vornehmlich Frauen und Kinder. Die gefangenen Krabben wurden auf ein Sieb geschüttet und gespült. Nachdem sie gekocht waren, wurden die Garnelen „gepult". Frisch zubereitet gab es die Tiere meist in Form von Krabbenfrikadellen oder als „Porrenpann". Überzählige Tiere wurden für den Winter eingesalzen oder sauer eingelegt. Wenn sie dann vor dem Verbrauch längere Zeit im Wasser lagen, konnten sie wohl problemlos gegessen werden.

Heute fährt von Amrum noch ein Berufsfischer mit seinem Kutter „Butjadingen" zum Krabbenfang aus. Der Verkauf findet am „Steuerhaus" auf dem Anleger →*Steenodde* von Dienstag bis Samstagvormittag statt. Als neues Produkt bietet das Team der Familie Thaden selbst hergestelltes Meersalz an.

Der einlaufende Krabbenkutter „FED 5“ im Priel vor dem Steenodder Hafen.

Mit dem Ausflugsschiff „Eilun“ gibt es während der Saison Krabben- und Seetierfangfahrten in die Priele zwischen Föhr und Amrum.

Künstlerinnen und Künstler auf Amrum

Im Seebad Föhr gab es schon seit 1820 etliche Künstler, die sich von der Insellandschaft inspirieren ließen. Erst viele Jahrzehnte später wurde auch Amrum von bekannten Malern „entdeckt“. Die Beschwerlichkeit der Anreise und die fehlenden Unterkünfte stellten große Hindernisse dar. Der dänische Schriftsteller Hans-Christian Andersen (1805–1875) berichtet von einer beschwerlichen Tour nach Amrum: „Der Mond stieg rund und groß empor, und die Vorgebirge auf Amrum nahmen

Hans-Christian Andersen besuchte Amrum.

sich wie eine schneebedeckte Alpenkette aus. Während der Ebbe zieht sich das Meer zwischen Föhr und Amrum zurück, dann fährt man mit Wagen von der einen Insel zur anderen; doch muss man die Zeit wohl abpassen und die Richtung genau kennen, denn kommt die Flut, so sind die Fahrenden ohne Rettung verloren.“
Mit der →*Gründung des Seebads* in →*Wittdün* kamen dann aber auch die Künstler auf die Insel. Im Jahr 1893 besuchte der junge Emil Nolde (1867–1956) das junge Seebad. In seinen Erinnerungen geht er beiläufig auf diesen Urlaub ein: „... während kurzer Zeit reiste ich nach der Insel Amrum hinüber, das große Wattenmeer schauend“. Es entstanden zwei Zeichnungen. Das Werk „Insel Amrum“ ist auf Seite 67 abgebildet. Hier kann man auch den Amrumer →*Leuchtturm* in seinem einheitlichen braunen Anstrich sehen, der erst 1952 dem heutigen Aussehen weichen musste.
1902 kam der Maler Max Beckmann als Zwanzigjähriger nach Wittdün. Ihm war es aber auf Amrum nicht einsam genug. Ähnliches berichten das Künstlerpaar Otto Modersohn (1865–1943) und Paula Modersohn-Becker

Emil Nolde, „Insel Amrum". 1893. Getönte Bleistiftzeichnung. 19 x 31cm. Kunstmuseet i Tønder.

(1876–1907). Otto Modersohn war einer der Mitbegründer der Künstlerkolonie in Worpswede bei Bremen. Sie wohnten 1903 in →*Steenodde* und verbrachten einen Sommerurlaub auf der Insel. Sie zeichneten und versuchten sich künstlerisch dem ursprünglichen Amrum zu nähern.

Vor dem Ersten Weltkrieg kamen dann immer mehr Maler nach Amrum. Darunter die Landschafts- und Marinemaler Heinrich Petersen (1850–1906) und Karl Koeppel (1853–1919) sowie Josef Wopfner (1843–1927) von der „Münchener Schule" und Robert Sterl (1867–1932), ein Vertreter der impressionistischen Schule. Im Jahr 1925 reiste Friederike de Beauclair nach →*Norddorf* in die damalige Villa des Fabrikanten Reinhard Mannesmann. Zwei ihrer Gemälde aus dieser Zeit sind noch heute in den Räumen des Hotels Hüttmann zu sehen.

Nach dem Zweiten Weltkrieg fanden immer weitere Künstlerinnen und Künstler den Weg auf die Insel. Aus den Werken der ersten Nachkriegsjahre stellte das Altonaer Museum in Hamburg im Jahr 1965 eine Ausstellung „Maler auf Amrum" zusammen. Gezeigt wurden vornehmlich Werke Berliner Künstler. Im Vorwort des Katalogs hieß es: „Die Künstler haben den Wunsch, dass Amrum bleiben möge, was es bislang für sie war: so etwas wie das letzte deutsche Inselparadies, klein genug, um das Gefühl insu-

Emil Nolde, „Hafen von Amrum". 1893. Bleistift und Aquarell. 21 x 31 cm. Kunstmuseet i Tønder.

„St.-Clemens-Kirche Amrum". Carl Ludwig Jessen. 1864. Öl auf Leinwand, 35 x 50cm. Museum Kunst der Westküste. Föhr.

laren Daseins zu vermitteln, aber auch genügend ausgedehnt, um das rar gewordene Erlebnis des Alleinseins mit der umgebenden Natur zu bescheren".

So können die Besucher Amrums bis heute Maler, Bildhauer und andere Künstler bei der Arbeit auf der Insel antreffen und ihre Werke in den Ateliers und Galerien in den Inseldörfern besichtigen.

Eine Gesamtschau der künstlerischen Aufarbeitung von Inseln und Halligen bietet das „Museum Kunst der Westküste" (www.mkdw.de) in Alkersum auf Föhr seit 2009.

Landwirtschaft

Von der Steinzeit bis zum frühen Mittelalter gab es auf Amrum ausgedehnten Ackerbau und auch Viehzucht, auch im westlichen Bereich der Insel. Mit der Dünenentstehung war Landwirtschaft nur noch auf den höhergelegenen Geestflächen möglich.

Bis ins 18. Jahrhundert fand die Landwirtschaft auf den nicht von Sand überwehten Flächen in gemeinschaftlicher Verantwortung statt (Allmende). Da die Männer den Sommer auf See bei Handelsschifffahrt, →*Walfang* und →*Fischerei* verbrachten, mussten die Frauen sich um die Landwirtschaft kümmern. Es gab Schafe, Bienenstöcke, wenige Kühe und kaum Pferde.

Im Jahr 1799 kam es zu einer umfangreichen Landreform und einer Verteilung der nutzbaren Flächen nach einem komplizierten System. Der Privatbesitz führte zu einer Intensivierung der landwirtschaftlichen Nutzung. Dazu kam, dass viele Seefahrer an Land blieben und in die Landbearbeitung einsteigen konnten, nachdem der Walfang zu Ende ging und die Handelsschifffahrt in einer Krise war. So entwickelte sich der Beruf des Bauern oder des Landmannes und es entstanden in den Dörfern Bauernhöfe. Im Jahr 1867 gab es schon 500 Schafe, 170 Kühe und 20 Pferde auf der Insel

Mit der →*Gründung der Seebäder* stagnierte die landwirtschaftliche Nutzung. Viele Bauern nahmen Gäste auf oder übernahmen andere Aufträge im →*Tourismus*. Nur nach den beiden Weltkriegen erlebte jeweils für ein paar Jahre die Landnutzung eine Intensivierung, um die Versorgung sicherzustellen. Im Jahr 1949 gab es in →*Nebel* und →*Norddorf* noch 156 Betriebe. Aber schon im Jahr 1960 waren es nur noch 75 Betriebe. Das waren

Hofladen Martinen in Süddorf.

Der moderne Hof Martinen wird schon von der vierten Generation bewirtschaftet.

aber in der Regel nur Privathaushalte mit wenigen Tieren und ein wenig Nutzfläche. Die Angebote für den Tourismus traten immer mehr in den Vordergrund und so gab es im Jahr 1982 nur noch neun Betriebe mit einer Fläche von 576 ha. Davon waren 79 ha Acker. Zu diesem Zeitpunkt waren es dann noch 100 Pferde. Acht Jahre später arbeiten dann noch zwei Betriebe in →*Süddorf*, einer in Nebel und zwei in Norddorf.

Aktuell gibt es auf der Insel nur noch einen Haupterwerbsbetrieb. Es ist der Hof Martinen in Süddorf, der 2019 auf eine hundertjährige Geschichte zurückblicken konnte.

In der vierten Generation geführt, bearbeitet der Hof Flächen auf der gesamten Insel. Die Haltung der Tiere und die technischen Anlagen liegen gegenüber dem Gewerbegebiet von Süddorf. Der Hofladen des Betriebes liegt in Süddorf, neben dem Wohnhaus der Familie Martinen, in dem auch →*Hark Olufs* wohnte.

Leuchtturm

Am 1. Januar 1875 wurde der 42 m hohe Leuchtturm zwischen →*Wittdün* und →*Süddorf* in Betrieb genommen. Der Backsteinbau wurde auf einer Düne auf einem 4 m dicken Fundament errichtet.

Die Leuchtanlage in der Spitze des Turms besteht aus einer Lampe mit 16 Prismengläsern, die von einem Korb umgeben ist. Die Prismen bewegen sich gegen den Uhrzeigersinn um die Lampe und geben alle 6,5 Sekunden einen Lichtblitz von einer Sekunde Dauer frei. Das Lichtsignal wird eine Stunde vor Sonnenuntergang aktiviert und ist bis eine Stunde nach Sonnenaufgang aktiv. Die Reichweite der aktuell eingesetzten Halogen-Dampflampe liegt bei etwa 43 km.

Der Leuchtturm war der erste unter preußischer Herrschaft gebaute Leuchtturm an der Westküste. Noch heute erinnert ein preußischer Adler über der Eingangstür an diese Zeit. Die Leuchttürme in Hörnum auf Sylt und in Westerhever auf der Halbinsel Eiderstedt wurden viel später errichtet und erst im Jahr 1907 bzw 1908 eröffnet.

Seit September 1952 zeigt sich der Amrumer Leuchtturm in dem bis heute typischen Anblick mit zwei weißen Binden im Kontrast zu seinem roten Grundanstrich.

Die Reichweite der aktuell eingesetzten Halogenlampe liegt in der Dunkelheit (rechts) bei 43 km.

Der letzte Leuchtturmwärter, Knud Knudsen, verließ seine Arbeits- und Wohnstätte 1984. Seit dieser Zeit läuft die Technik automatisch und es gibt nur noch regelmäßige Besuche zur Wartung. Im Sommer kann der Amrumer Leuchtturm bei geeignetem Wetter mehrmals die Woche von Besuchern bestiegen und der einzigartige Blick über die ganze Insel genossen werden.

Der Leuchtturm ist an einigen Tagen für Besucher geöffnet.

Nationalpark

Amrum liegt im Nationalpark Schleswig-Holsteinisches Wattenmeer, die Insel selbst wie auch die Inseln Sylt, Föhr, Pellworm und die Halligen Hooge, Oland, Langeneß, Gröde und Nordstrandischmoor sind jedoch nicht Teil der Nationalparkfläche. Diese beginnt jeweils erst 150 m vor der mittleren Hochwasserlinie. Der Nationalpark wurde 1985 gegründet und ist mit 4400 Quadratkilometern der größte Nationalpark in Deutschland. Im Jahre 2009 wurde der Nationalpark als Weltnaturerbe anerkannt. Das →*Watt*, die Sandbänke und →*Salzwiesen* sind in Schutzzonen eingeteilt. In Zone I ist keinerlei menschliche Nutzung erlaubt. Der Anteil dieser Flächen sollte in einem international anerkannten Nationalpark mindestens 75 Prozent betragen. Derzeit sind es aber weniger als 40 Prozent. Ein unrühmliches Beispiel für den Widerspruch zwischen ökologischen und

ökonomischen Interessen im Wattenmeer ist der Betrieb der Ölförderplattform Mittelplate vor Büsum. Die Ölförderung ist auch einer der Hauptgründe dafür, dass der Nationalpark Schleswig-Holsteinisches Wattenmeer die international für Nationalparke üblichen Kriterien bisher nicht erfüllt. Das Ende der Ölförderung wird erst in einigen Jahren abzusehen sein. Das Wattenmeer wird nach wie vor von vielen Menschen genutzt werden, es ist und bleibt eine alte Kulturfläche. Konflikte zwischen dem Erhalt unberührter Natur und dem Erhalt der Kultur- und Tourismuslandschaft werden daher auch in Zukunft weiterbestehen. Die anstehende grundlegende Transformation durch den →*Klimawandel* dürfte spätestens bis zum Jahr 2100 zu weiteren dramatischen Veränderungen führen.

Im Nationalpark sind sowohl das Angeln als auch das Jagen verboten. Robben werden aber schon seit 1974 nicht mehr bejagt. Die früheren Robbenjäger kümmern sich heutzutage hauptsächlich um das Schicksal mutterlos aufgefundener Robbenbabys und um kranke oder verletzte →*Seehunde*.

Naturschutz

Die Insel Amrum ist nicht Teil des → *Nationalparks*. Es gibt aber zwei große Naturschutzgebiete auf Amrum. Der →*„Öömrang Ferian"* betreut die „Amrumer Dünen" und der „Verein Jordsand zum Schutze der Seevögel" die Vogelbrutplätze an der →*Odde*.

Außer diesen beiden Vereinen arbeitet die „Naturschutzgesellschaft Schutzstation Wattenmeer" auf Amrum. Mit einem Freiwilligenteam sind sie mit einer kleinen Ausstellung in →*Wittdün* vertreten.

Alle drei Vereine bieten ganzjährig naturkundliche Führungen in alle Lebensräume der Insel an.

Der „Öömrang Ferian" betreibt in →*Norddorf* in Strandnähe ein Infozentrum mit einer Ausstellung zur Biologie des Wattenmeers und zwei großen Dauerausstellungen zum Le-

ben von →*Hark Olufs* und zur Geschichte der →*Vogelkoje.* Das größte Schauobjekt ist seit 2019 das Skelett eines im Jahr 2016 vor Helgoland gestrandeten Pottwals. Darüber hinaus wird an der Ausstellung zum →*Walfang* gearbeitet. Auf Anfrage ist es aber möglich, das Pottwalskelett anzuschauen.

Nebel (friesisch: Neebel)

Zu Beginn des 16. Jahrhunderts wurde Nebel als drittes Dorf auf Amrum gegründet. Die Siedlung entstand rings um die schon zweihundert Jahre vorher erbaute Kirche. Der Name könnte aus der altdänischen Sprache stammen und „Neusiedlung" bedeuten. Nebel wurde vor allem für die Seefahrerfamilien der Insel zur neuen Heimat.

In Nebel gab es nach der →*Gründung der Seebäder* anfangs nur wenige Besucher. In der Nähe von Nebel wurde als erste touristische Einrichtung der Vorläufer der →*Klinik Satteldüne* gebaut. Erst 1905 wurde in der Nähe der Kirche ein Sanatorium errichtet. Heute ist in diesem Gebäude die Kurverwaltung untergebracht. Erst Im Jahr 1938 erhielt die Gemeinde eine Erlaubnis zur Strandbenutzung.

Blick über das Watt auf den Ort, der Turm der St.-Clemens-Kirche überragt alles.

Mit blumenumrankten Häusern schmückt sich der Ortskern.

Nach dem Zweiten Weltkrieg wurden von der Gemeinde im Heidegebiet westlich von Nebel große Flächen als günstiges Bauland angeboten. Dort entstand das Wohngebiet Westerheide. Hier befindet sich z. B. auch seit dem 19. Jahrhundert das Areal der Fachklinik Satteldüne.

Heute wirkt Nebel mit seinen reetgedeckten Häusern rings um die Kirche wie der Inbegriff friesischen Lebens. In einem der alten Seefahrerhäuser an der Wattseite der Siedlung befindet sich heute ein Heimatmuseum (→ *Besondere Orte*). Auch der Friedhof rings um die St.-Clemens-Kirche mit den sprechenden Grabsteinen ist einer der Besuchermagneten auf der Insel. Es lohnt sich aber auch ein Besuch der ältesten Mühle in Schleswig-Holstein und des Friedhofs der Namenlosen (Besondere Orte).

Norddorf (friesisch: Noorsaarep)

Norddorf ist zusammen mit →*Süddorf* das älteste der Amrumer Dörfer. Heute leben hier 900 Einwohner. Es wurde urkundlich erstmals im 15. Jahrhundert erwähnt. Landwirtschaft, Fischerei und die Seefahrt bestimmten das Leben der Einwohner. Ein erster Hafen lag auf der Wattseite („Fleethafen"), etwa in der Höhe des ersten Drittels des heutigen Teerdeichs (→*Deiche*). 1890 gründete Friedrich von Bodelschwingh in Norddorf und nördlich von Norddorf Seehospize, die den Charakter des Ortes lange prägten (→*Gründung der Seebäder*). Das erste Hotel im Ortskern (Bild unten) richtete Heinrich Hüttmann 1892 im ehemaligen Schulhaus (→*Schule*) ein. 1902 hielt die Inselbahn erstmals in Norddorf. Von hier aus fuhr sie dann weiter bis zum Kniephafen nördlich des Dorfes. Der Hafen war ein Schiffsanleger, der auch von größeren Schiffen angelaufen werden konnte und vor allem dem Schiffsverkehr nach Hörnum auf Sylt (→*Fährlinien*) diente. 1938 wurde die Brücke wegen der fortschreitenden Versandung noch einmal nach

Norden verlegt. Mit der Anlagerung des Kniepsands an den Dünengürtel der Insel musste der Hafen jedoch aufgegeben werden. Noch heute sind auf dem Weg zur →*Odde* auf der Seeseite noch Reste des Stegs zu erkennen.

Im Jahr 1925 brannten zehn Häuser im alten Ortskern, sodass seither überwiegend neuere Häuser ohne Reetdach das Bild des Dorfes prägten. Mit der Einrichtung eines Kurmittelhauses im Jahr 1956 wurde Norddorf Seeheilbad. Ein in den 1970er-Jahren errichtetes Meerwasser-Schwimmbad wurde 2006 stillgelegt und nach 2012 zurückgebaut. Heute sind in den Räumen die Ausstellungen des →*Öömrang Ferian* und als besondere Attraktion ein Pottwalskelett zu besichtigen.

Legitimer Nachfolger der Einrichtungen des Pastor Bodelschwingh ist heute die AOK Nordseeklinik. Das zentrale Haus liegt am Weg vom Dorf zur Badestelle. Dazu gibt es eine Reihe von Wohnhäusern in Norddorf, alle benannt nach Orten aus den Geschichten von Astrid Lindgren. Hier wohnen Mütter und Väter.

Nächste Doppelseite: Der weite Strand von Norddorf.

Odde (friesisch: Ood)

Bezeichnet die Nordspitze von Amrum. Der Begriff stammt aus der germanischen Sprache und bezeichnet eine in das Meer ragende Landzunge. Nach dem Ende der letzten Eiszeit lagerte sich Seesand jeweils an der Nord- und an der Südspitze des Inselkerns an. Es finden sich aber auch kleine Geestreste an der Odde. Ein Zeichen dafür sind die vielen Steine, die man in den kleinen Prielen und in den Dünentälern der Odde finden kann.

Während der Brutzeit wohnt ein Vogelwart in der Hütte.

Seit 1800 hat die Odde in der Breite deutlich Land verloren, verlängerte sich aber immer weiter in Richtung Föhr. Noch in den 50er-Jahren des letzten Jahrhunderts gab es an der Wattseite eine steil abfallende Wanderdüne, die dann durch spezielle Bepflanzung „festgelegt" wurde. Die heute noch beim Rundgang über die Odde zu sehenden Betonplatten stellen Reste einer Station der Deutschen Gesellschaft zur Rettung Schiffbrüchiger dar. Von 1912 bis 1930 war hier das Motorrettungsboot „Picker" stationiert.

Die Dünen und die Dünentäler der Odde sind seit 1936 als Naturschutzgebiet ausgewiesen und werden seit 1941 vom „Verein Jordsand zum Schutz der Seevögel und der Natur e. V." betreut. In einem 1937 von der Gemeinde →*Norddorf* errichteten reetgedeckten Haus wohnt jedes Jahr während der Brutzeit eine Vogelwartin oder ein Vogelwart und dokumentiert die Bruterfolge. Dieser Bereich ist heute eines der wichtigsten Brutgebiete für Großmöwen entlang der Nordseeküste. Von Mai bis Oktober

Die Odde ist eine der schmalsten Stellen der Insel Amrum.

werden regelmäßige Führungen für Touristen angeboten.
Darüber hinaus ist der Bereich der Odde bis nach Norddorf eine der schmalsten Stellen der Insel. Bei Sturmflut besteht hier immer wieder die Gefahr eines Durchbruchs der Nordsee (→*Deiche*).

Öömrang Ferian (deutsch: Amrumer Verein)

Im Jahr 1974 gründete der Amrumer Jens Quedens den Verein zum Erhalt der Amrumer Sprache (des „Öömrang"), der Geschichte, der Kultur und der natürlichen Lebensräume der Insel. Nur auf Amrum Geborene können beitreten.

Statt „e.V." für eingetragener Verein trägt der Name des Öömrang Ferian am Ende das Kürzel „i. f." für „inedrogen ferian". Der Verein hat heute etwa 380 Mitglieder und finanziert seine Arbeit aus den Spenden der Besucher im „Naturzentrum Norddorf" und im →*Öömrang Hüs*. Dazu kommen seit 1983 die Erstattungen des Landes Schleswig-Holstein für die Betreuung des Naturschutzgebietes

In der Ausstellungshalle in Norddorf ist u.a.auch ein Taschenkrebs zu bewundern. Der Zehnfußkrebs aus dem Wattenmeer kann 9 bis 12 cm lang werden.

Ein Besuch im Naturzentrum Amrum im Norden der Insel ist immer interessant.

„Amrumer Dünen" auf Amrum. Im Jahr 1988 wurde im ehemaligen Meerwasserschwimmbad von →*Norddorf* das „Naturzentrum Amrum" mit einer naturkundlichen Dauerausstellung eröffnet. Dazu kamen Räume im ehemaligen Schwimmbad, die als Museum „Maritur" Ausstellungen zu maritimen und naturkundlichen Themen zeigen. Aktuell werden zwei Ausstellungen gezeigt, eine zu der Geschichte von →*Hark Olufs* und eine weitere Präsentation zur Geschichte der →*Vogelkoje* „Meeram". Demnächst wird dann hier auch das Pottwalskelett zu besichtigen sein.
Daneben hat der Verein ein altes Kapitänshaus in →*Nebel* übernommen, das Öömrang Hüs.sich auch das Archiv des Vereins.

Nächste Doppelseite: Ständig verlängert sich die Odde in Richtung der Insel Föhr.

Personen

Friedrich Marstrand Mechlenburg (1710–1778), wurde als Norweger Pfarrer auf Amrum, heiratete die Witwe seines Vorgängers und verlegte den Sitz des Pastorates nach →*Nebel*. Zwei weitere Mechlenburgs arbeiteten noch als Pfarrer auf der Insel. Besonders in Erinnerung blieb dabei ab 1827 **Friedrich Lorenz Mechlenburg** (1799–1875), der sich sehr für die Entwicklung von Amrum einsetzte.

Pfarrer Friedrich Lorenz Mechlenburg.

Pastor von Bodelschwingh (1831–1910), Gründer der Seehospize in Norddorf auf Amrum

Peer Schmidt (1926–2010), Schauspieler, hatte ein Haus in Nebel, das sich auch heute noch im Familienbesitz befindet.

Hermann Prey (1929–1998), Opernsänger, wohnte mehr als 45 Jahre mit seiner Frau regelmäßig in einem Haus auf der Wattseite in Nebel.

Hansjörg Felmy (1931–2007), Schauspieler, besaß mit seiner Frau ein Haus in Nebel. Es befindet sich heute noch im Familienbesitz.

Georg Quedens (1934), Inselchronist, Naturschützer, Autor einer großen Zahl von Publikationen.

Jens Quedens (1945), Verleger und Buchhändler, gründete 1974 den „Öömrang Ferian“, einen Verein nur für Amrumer zum Erhalt der friesischen Sprache und Kultur, und ist bis heute deren Vorsitzender.

Katja Ebstein (1945), Sängerin und Wahl-Amrumerin, Haus in Nebel, an der Wattseite südlich von Nebel.

Pflanzen

Auf Amrum sind zwischen 300 und 400 Pflanzenarten zu finden. Geprägt wird das Landschaftsbild von verschiedenen Heide- und Dünenarten. Hinzu kommen die Pflanzen der Waldbereiche und die besonders angepassten Arten der →*Salzwiesen*.

Botanische Besonderheiten gibt es an vielen Stellen zu entdecken. Dazu gehört z.B. die 20–40 cm hohe Dünenrose *(Rosa spinosissima)*, die an wenigen Stellen in den →*Dünen* und in der Ortslage von →*Süddorf* zu findet ist. Weit weniger selten ist die Kartoffelrose *(Rosa rugosa)*. Sie wurde aktiv in den Fünfzigerjahren angepflanzt

Die Blüte der Dünenrose (Rosa spinosissima).

und tritt in größeren Beständen auf der ganzen Insel auf.
Der Weg vom →*Kniepsand* durch die Dünen wird vom Strandhafer *(Ammophila arenaria)* dominiert. Seine Wurzelausläufer können bis zu 4 m lang werden. Durch seine eingerollten Blätter ist er besonders gegen Verdunstung geschützt. Er wächst als Pionierart in den salzigen Sandbereichen und ist der Ausgangspunkt bei der Bildung der Dünen.
In einigen Dünentälern tritt Süßwasser zutage und so wachsen hier auch Pflanzen, die man von den Moorlandschaften kennt. Dazu gehört u.a. der Sonnentau *(Drosera spec.)*, der mit den klebrigen Tropfen auf seinen Blättern Insekten fangen und verdauen kann.
Ein typischer Vertreter der Pflanzen der Salzwiesen ist der Queller. Diese Blütenpflanze *(Salicornia europea)* ist am Westrand der Insel im Übergangsbereich zum Watt zu finden. Beispielsweise an den ers-

Bild links: Die Pionierart in den Dünen ist der Strandhafer.

Der Queller wächst im Watt und in den Salzwiesen.

ten Wattflächen, wenn man den Rundgang um die →*Odde* auf der Ostseite beginnt. Ihre fleischigen Blätter sind im Frühjahr und Sommer grün und verfärben sich zum Herbst hin rot. Dieser Farbwechsel wird durch das Salzwasser der Nordsee hervorgerufen. Die Pflanze nimmt mit jeder Überflutung Salz auf und speichert es in ihren Zellen. Bis zum Herbst ist die Konzentration so hoch, dass die Pflanze abstirbt. Während der Blüte im Sommer bildet jede Pflanze bis zu 10 000 Samen, aus denen im kommenden Frühjahr die nächste Generation auskeimen kann. Die Samen werden nach dem Absterben der Pflanzen freigesetzt und durch Ebbe und Flut weiterverbreitet.

Früher wurde die Asche dieser Pflanzen zur Bereitung von Soda als Grundstoff für die Seifen- und Glasproduktion genutzt. Davon abgeleitet ist auch die alte Bezeichnung „Glasschmelz". Die Pflanze hatte lange Zeit keine wirtschaftliche oder kulinarische Bedeutung. Vor einigen Jahren wurde sie jedoch für die Gourmetküche entdeckt, da ihre fleischigen Blätter im Frühjahr und Sommer durch das eingelagerte Salz eine sehr schmackhafte Beilage sowohl zu Fleisch- als auch zu vegetarischen Gerichten bilden.

In den Niederlanden wird Queller schon lange als Gemüse genutzt und ist dort unter dem Namen „Zeekraal" bekannt.

Säugetiere

Die Kaninchen *(Oryctolagus cuniculus)* wurden auf Amrum wahrscheinlich schon 1230 durch den dänischen König Waldemar II. als Jagdbeute ausgesetzt. Die Art wurde ursprünglich von den Römern aus dem Mittelmeergebiet nach Nordeuropa gebracht. Noch zu Beginn der 1960er-Jahre wurden im Jahr 6000 bis 10 000 Tiere im Jahr geschossen. Die Tiere richteten große Schäden in den →*Dünen* und in den neu angepflanzten Waldbereichen an. Dann breitete sich auf der Insel ab 1963 die „Kaninchenpest" *(Myxomatose)* aus, ein Virus, der weltweit aktiv durch Menschen verbreitet wurde, um die Massenvermehrung der Wildkaninchen einzuschränken. Es überlebten einige Tiere und so kann man auch heute noch Kaninchen auf Amrum beobachten.

Auch Feldhasen *(Lepus europaeus)* kamen in geringer Zahl auf der Insel vor. Auch sie wurden nach Amrum gebracht.

Einige Male kamen Rehe *(Capreolus capreolus)* und Füchse *(Vulpes vulpes)* über das Watt von Föhr nach Amrum. Während die Rehe Opfer des Autoverkehrs wurden, wurden die Füchse aktiv bejagt.

Selbst ihre geringe Anzahl reichte nämlich aus, um die Bodenbrüter unter den Seevogelarten massiv zu dezimieren. Seit dieser Zeit sind auch die Seeschwalbenkolonien in den Dünen verschwunden.

Auch Feldhasen wurden auf der Insel gesichtet.

Salzwiesen

Im Übergangsbereich vom Wasser zum Land werden auf der Wattseite von Amrum bei jeder Flut Sand- und Lehmteilchen abgesetzt. Dieser Bereich wenige Zentimeter über dem mittleren Hochwasserstand bietet Besiedlungsmöglichkeiten für verschiedene salzliebende Pflanzenarten. Als Pionierart wandert zuerst der Queller (→*Pflanzen*) ein. Durch die kontinuierliche Ablagerung von Schwebstoffen wächst der trockenere Bereich durchschnittlich einen Zentimeter pro Jahr. Dann können weitere Pflanzenarten wie Halligflieder, Strandwermut, Strandaster, Portulak-

Zur Blütezeit des Halligflieders prangt die ganze Salzwiese in Lila.

Keilmelde, Andelgras, Strandsode, Stranddreizack und Rot-Schwingelgras zuwandern. Es sind insgesamt rund 45 Pflanzenarten bekannt, die die Fähigkeiten besitzen, das salzige Meerwasser zu tolerieren.

Viele Tierarten, darunter bis zu 50 Vogel- und ca. 2000 Insektenarten, nutzen die Salzwiesen als Lebensraum. Damit kommt den Salzwiesen als Ökosystem nicht nur eine zentrale Bedeutung für das Wattenmeer zu. Es handelt sich bei ihnen darüber hinaus um Feuchtgebiete von internationaler Bedeutung.

Auf Amrum liegen größere Flächen zwischen →*Nebel* und →*Norddorf* auf der Wattseite.

Der Strand-Dreizack wird 10–60 cm hoch.
Nächste Doppelseite: Blick auf eine Salzwiese.

Schule

Schon vor 1800 wurden Kinder auf Amrum unterrichtet. Als Lehrer fungierten ältere Seefahrer, da die Vermittlung nautischer Kenntnisse einen hohen Stellenwert einnahm und den Jungen die Voraussetzungen vermittelte, die sie später als Seefahrer benötigten. Weitere Unterrichtsfächer waren Mathematik und Latein.

Über den Unterricht berichtet ein kaum lesbarer Brief von Pfarrer Friedrich Mechlenburg (→*Personen*) aus dem Jahr 1739, in dem es um die Anstellung von einem Hark Knudten als Küster und Lehrer geht. Zu dieser Zeit gab es Unterricht durch Hilfslehrer in →*Norddorf*, →*Nebel* und →*Wittdün*.

Das Schulwesen blieb letztlich bis zum Ersten Weltkrieg unter der Kontrolle der Kirche. Im Jahr 1814 wurde die Schulpflicht für alle Kinder zwischen sieben und vierzehn Jahren in Dänemark eingeführt.

Finanziert wurde der Schulunterricht durch die Kirche und Schulgeld, das die Eltern bezahlen mussten. Ab 1825 wurden 5% der Bergungslöhne für die Finanzierung der Schulsystems verwandt.

1799 ist das erste Schulhaus für Norddorf auf einer Karte zu erkennen. Es wurde 1892 von Heinrich Hüttmann für die Gründung des Hotel Hüttmann gekauft. Das neue Schulhaus stand etwas südlich und wird heute für die Kurverwaltung genutzt.

In Nebel stand das Schulhaus südlich des Ortes und wurde lange genutzt. Das letzte Nebeler Schulhaus war das heutige Ferienhaus „Cottage".

Das alte Wittdüner Schulgebäude existiert nicht mehr. Es wurde nach der Gründung der Gemeinschaftsschule in →*Süddorf* als Kurverwaltung genutzt und stand in der Mittelstraße. Heute befindet sich dort das 2016 fertig gestellte Wohnprojekt „Üüs Arah" für Insulaner.

Schweinswale

Schweinswale *(Phocoena phocoena)* sind nah mit Delfinen verwandt und gehören zu den Zahnwalen. Sie werden bis zu 1,90 m groß und ca. 50–60 kg schwer. Sie leben in den Küstengebieten der Nordsee, des Nordatlantiks, des Nordpazifiks und des Schwarzen Meeres und ernähren sich von Fischen, Krebsen und Tintenfischen. Diese werden während des etwa sechsminütigen Tauchens in bis zu 80 m Tiefe gejagt. Sie leben meist in kleinen Gruppen bis zu acht Tieren. Die Tiere werden durchschnittlich zehn Jahre alt und sind ab etwa vier Jahren geschlechtsreif. Die Jungtiere sind bei der Geburt etwa 70 cm lang und wiegen ca. 6 kg. Sie werden ungefähr acht Monate gesäugt, fressen aber bereits ab fünf Monaten selbstständig. Hinweise zum Vorkommen von Schweinswalen in Nord- und Ostsee findet man auf den Seiten des Bundesamtes für Naturschutz (BfN): https://www.bfn.de/infothek/karten.html.

Um die Tierart speziell während der Aufzucht der Jungtiere zu schützen, wurde im Jahr 1999 vor Amrum und Sylt das einzige deutsche Walschutzgebiet ausgewiesen. Untersuchungen ergaben, dass in diesem Gebiet auffallend viele Schweinswale leben und der Schutz dieses Gebietes somit gerechtfertigt ist. Die Schweinswale werden durch Fischernetze bedroht und durch die intensive Nutzung der Nordsee durch Windkraftanlagen und Schifffahrt. Umso wichtiger sind daher Rückzugsgebiete ohne Störungen. Beobachten kann man die Schweinswale bei ruhigem Wasser vor dem →*Kniepsand* und bei Fahrten mit den Fähren oder den Ausflugsschiffen.

Gewöhnliche Schweinswale
(Phocoena phocoena)
Quelle: wikipedia

Seehunde

(*Phoca vitulina*) gehören neben den →*Kegelrobben* und den →*Schweinswalen* zu den Säugetierarten im Wattenmeer. Sie können bis zu 130 Kilogramm schwer werden und eine Länge von 1,80 m erreichen. Früher wurden sie auch von der Insel aus bejagt. Die erlegten Tiere lieferten Tran und Felle. Einheimische, die die Rastplätze der Seehunde gut kannten, jagten entweder selbst oder wurden von Touristen als Führer angeheuert. In der zweiten Hälfte des 20. Jahrhunderts sank die Zahl der Seehunde rapide. Meeresverschmutzung und Krankheiten machten ihnen zu schaffen. Inzwischen hat sich ihre Situation aber wieder deutlich verbessert. Seehunde werden seit 1974 in Schleswig-Holstein nicht mehr bejagt, sondern sie unterliegen einer ganzjährigen Schonzeit. Als verantwortliche Jagdaufseher für diese Wildart hat die Landesregierung in Schleswig-Holstein sogenannte Seehundjäger eingesetzt. Nur diese sind berechtigt,

Auf der Insel werden von der MS Eilun Fahrten zu den Seehundsbänken angeboten.

Jungtiere („Heuler") zu bergen und zur Seehundaufzuchtstation nach Friedrichskoog zu bringen. 2017 wurden im Wattenmeer vor Schleswig-Holstein über 8000 Seehunde gezählt. Ein Teil von ihnen nutzt die Flächen auf dem →*Jungnamensand* für Ruhephasen.

Während der Ebbe sind sie auch zahlreich auf den trockenfallenden Sandbereichen zwischen Hooge und Langeneß oder dem großen Priel zwischen Amrum und Föhr zu beobachten.

Seezeichenhafen

Der Sportboothafen des Amrumer Yachtclubs.

Die Bucht auf der Ostseite von Amrum ist ein windgeschützter Ort. Schon im 18. Jahrhundert wird der Bereich als „Amrumer Hafen" in Karten aufgeführt. Bis zum Beginn des 20. Jahrhunderts wurde er aber nur als Reede genutzt. Die Mole zwischen →*Wittdün* und →*Steenodde* wurde dann 1915 gebaut.

1916 folgte der Anleger zur Versorgung des Feuerschiffs „Amrum-Bank". Während des Baus des Hindenburgdamms 1927 nach Sylt hatten die Spülbagger hier ihren Stationshafen. 1928 wurden die bis dahin in Steenodde gelagerten Seezeichen in den Hafen verlegt. Seither dient er den Amrumern als Seezeichenhafen. Heute befinden sich dort

Im Seezeichenhafen werden die Tonnen gelagert und gewartet.

auch eine Halle für die Instandhaltung der Bojen und Leuchttonnen sowie verschiedene Werkstätten. Nach dem Ende des Zweiten Weltkriegs bis in die Siebzigerjahre lagen oft bis zu 100 Büsumer Krabbenkutter an der Mole. Außerdem hat hier die „Deutsche Gesellschaft zur Rettung Schiffbrüchiger" (DGzRS) einen ständigen Liegeplatz. Derzeit ist mit der „Ernst Meier Hedde" eins der modernsten Schiffe der DGzRS auf Amrum stationiert.

Ab 1984 war der Tonnenleger „Johann Georg Repsold" im Hafen stationiert. Er war zuständig für die Kontrolle und die Wartung der Seezeichen vor der Westküste von Schleswig-Holstein.

Im Jahr 2011 wurde er durch die „Amrumbank" ersetzt.

Seit den Achtzigerjahren gibt es außerdem einen speziellen Sportbootbereich des Amrumer Yachtclubs im Seezeichenhafen.

Seinen ständigen Liegeplatz hat der moderne Seenotkreuzer „Ernst Meier Hedde" in Wittdün.

Steenodde (friesisch: Stianood)

Steenodde liegt an einem der sichersten Anlegeplätze auf der Westseite von Amrum. 1721 wurde das erste Haus in Steenodde errichtet. Es gehörte anfangs einem Hamburger Austernfischer, wurde später zur Gaststätte „Lustiger Seehund" und ist heute das älteste Amrumer Wohnhaus. Das zweite Haus des Ortes wurde erst 1852 erbaut. Im Jahr 1810 spielte Steenodde eine Rolle im Amrumer →*Kaffeekrieg*. Bis heute blieb Steenodde eine kleine Siedlung mit wenigen Einwohnern, eingerahmt vom „Guskölk", einem Waldstück in südlicher Richtung, einigen vorzeitlichen Grabhügeln (→*Archäologie*) im Norden und dem →*Wattenmeer* im Osten.

In Steenodde wurde die erste Landebrücke der Insel gebaut.

Die kleine Siedlung wird eingerahmt vom einen Waldstück mit einer Windschur.

Im Jahre 1895 wurde am Strand von Steenodde die erste Amrumer Landebrücke für den Fracht- und Personenverkehr errichtet. Für eine kurze Zeit gab es in der Nähe der Mole auch eine kleine Schiffswerft. Bis 1928 wurden in der Nähe des Anlegers auch die Fahrwassertonnen gelagert, bevor der →*Seezeichenhafen* eröffnet wurde. Zwischen 1960 und 1985 diente die Mole zunächst als Anleger der Amrumer Schifffahrt AG und später der Wyker Dampfschiffs-Reederei. Heute wird sie noch zum Umschlag von Bau- und Brennstoffen genutzt und der derzeit einzige Berufsfischer auf Amrum verkauft von hier aus Fische und Krabben. Sein etwas ungewöhnlicher Verkaufsstand war früher einmal das Steuerhaus eines Kutters. Jedes Jahr im Sommer richtet der Amrumer Yachtverein in Steenodde das „Molenfest" aus, verbunden mit einer Regatta.

Strandungsfälle

Vom Ende des 18. Jahrhunderts bis zum Ende des 19. Jahrhunderts waren es insgesamt fast 200 Schiffe, die hauptsächlich vor der Westküste Amrums strandeten. Für die Amrumer war das Bergen von Strandgut und kompletten Schiffen sowie die Rettung von Schiffbrüchigen eine regelmäßig wiederkehrende Erfahrung. Das gerettete Gut wurde zwischen den Besitzern der havarierten Schiffe, den Landesherren und den Bergern aufgeteilt. Strandvögte organisierten die Rettungsaktionen. Sie mussten sich aber auch mit Strandräubern auseinandersetzen. Bis ins 20. Jahrhundert „verschwand" angeschwemmte Schiffsladung immer wieder. Obwohl ertappte Insulaner hart bestraft wurden, elektrisierte jede Schiffshavarie die Amrumer, so beispielsweise der Fund von sechs Kisten mit Hunderttausenden von Rasierklingen im Jahr 1926. Eine besondere Phase der Schiffsbergungen stellt das „Strandlegat" von 1820 bis 1900 dar. 5 % aller Einnahmen aus Strandungsfällen wurden an die Gemeinde Amrum abgeführt und zum Beispiel zur Finanzierung des Schulsystems genutzt. Das gesamte System der Strandvogteien endete erst 1990.

Die Überreste der „City of Bedford" vor der Odde.

Noch immer liegt das Wrack der „Pallas" in Sichtweite vor der Insel.

Bei einer Wattwanderung von Amrum nach Föhr gehört eine Besichtigung der Überreste der „City of Bedford" zum festen Programm. Im Februar 1825 geriet dieses Schiff in einen Orkan und strandete in den Untiefen vor den Inseln. Drei Seeleute der Besatzung liegen auf dem Friedhof von Süderende auf Föhr begraben.

Auch während des Zweiten Weltkrieges kam es zu Strandungen. Am ungewöhnlichsten war die des U-Bootes „U 979", das der Kommandant Johannes Meermeier am 24. Mai 1945 vor Wittdün auf Grund setzte. Bevor die Besatzung sich an Land rettete, sprengte sie noch ihr Boot. In den Fünfzigerjahren war das Wrack noch deutlich sichtbar, heute liegt es unter dem Sand vor dem Kniepsand.

Der spektakulärste Fall in den letzten Jahrzehnten geschah am 29. Oktober 1998. Der 147 m lange Holzfrachter „Pallas" strandete westlich von Amrum. Auf dem Weg von Schweden nach Marokko, beladen mit 2500 t Holz, gab es vor der dänischen Westküste im Laderaum ein Feuer. Das Schiff befand sich zu diesem Zeitpunkt in internationalen Gewässern. Eine Bergung gelang nicht und so liegt der Rest des Schiffswracks noch immer vor der Insel. Bei ruhiger See und Niedrigwasser ist er als flache Silhouette mit dem Fernglas erkennbar.

Sturmfluten, Orkane

Auf Amrum haben zwei Sturmfluten große Zerstörungen angerichtet. Die „Halligflut" am 3. und 4. Februar 1825 brachte einen der höchsten Wasserstände in Nordfriesland und hatte fürchterliche Folgen für die Halligen und ihre Bewohner. 74 Bewohner starben und nur 27 von 350 Häusern blieben bewohnbar. Auf der Insel Föhr brachen →*Deiche* und 6000 Schafe starben.

Auf Amrum wurde der Dünenwall westlich der Norddorfer Marsch weggerissen und das Wasser der Nordsee lief bis →*Nebel* und →*Süddorf*. Über 100 Jahre war der Bereich nördlich von →*Norddorf* ungeschützt, bis neue Deiche gebaut werden konnten. Die „Hamburger" Sturmflut im Februar 1962 brachte dann Windgeschwindigkeiten bis 150 km/h und eine Sturmflut für die Insel.

Am Abend des 16. Februar rissen die Deiche bei →*Steenodde* und an der Wattseite nördlich von Norddorf und die Wassermassen erreichten Norddorf und Steenodde. Auch in Nebel stand das Nordseewasser in den tieferliegenden Bereichen. Es gab aber in den Dörfern insgesamt nur geringe Schäden. Fast völlig zerstört wurde aber der Schiffsanleger vor Wittdün. Außerdem brach die Mauer an der Strandpromenade auf über 30 m. An der Nordspitze Amrums wurde ein Teil der Dünenkette weggerissen und das Wasser lief bis zur Wattseite.

Der Sturm und die Wellen nagen an den Dünen.

Insgesamt bietet die Insel mit dem vorgelagerten →*Kniepsand*, den Dünenketten und den Waldflächen einen guten Schutz bei Sturmfluten. In den letzten Jahrzehnten zeigte sich aber die durch den →*Klimawandel* zunehmende Gewalt der Orkane auch für Amrum. Bei den Orkanen „Anatol" (3. Dezember 1999), „Kyrill" (18. Januar 2007), „Christian" (27./28. Oktober 2013) und Xaver (5./6. Dezember 2013) kam es auf der Insel zu großen Schäden. Große Teile der Waldflächen Amrums wurden dabei zerstört *(→Wald)*.

Süddorf (friesisch: Sössaarep)

Süddorf wurde erstmals 1464 in einer Urkunde erwähnt und ist zusammen mit →*Norddorf* die älteste Siedlung auf Amrum. Aus Süddorf stammte auch einer der berühmtesten Amru-

mer, →*Hark Olufs*. Sein früheres Wohnhaus gehört heute den letzten Vollerwerbslandwirten der Insel (→*Landwirtschaft*).

In Süddorf steht die kleinere der zwei Amrumer Mühlen, diese wird heute als Wohnhaus genutzt.
Am Nordostrand des Ortes befindet sich die 1968 gegründete Amrumer →*Schule*. Die „Öömrang skuul“ ist eine Grund- und Regionalschule.

Neben einigen alten Häusern befindet sich auch das Wohnhaus von Hark Olufs im Ort.

Für die Fahrräder der Gäste stehen auf der gesamten Insel genügend Parkplätze zur Verfügung.

Tourismus

Die Entwicklung des Tourismus auf der Insel bewegt sich in den letzten Jahren auf einem stabilen Niveau. Die Zahl der Übernachtungen liegt bei etwa 1,3 Millionen pro Jahr. Diese Übernachtungen verteilen sich auf 150 000 Gäste, die im Durchschnitt 8,8 Tage auf der Insel bleiben. Hinzu kommen noch etwa 80 000 Tagesgäste, die nur wenige Stunden auf Amrum bleiben.

Die überwiegende Zahl der Besucher kommt aus Deutschland. Das bevölkerungsreichste Bundesland Nordrhein-Westfalen liegt dabei an der Spitze, gefolgt von Schleswig-Holstein, Niedersachsen, Baden-Württemberg, Bayern, Hamburg und Hessen.

Relativ wenige Gäste kommen aus dem Ausland auf die Insel. Führend dabei sind Schweizer Besucher mit einem Anteil von 25 000 Übernachtungen, gefolgt von Gästen aus Österreich.

Im Vergleich dazu werden auf Sylt jährlich rund 7 Millionen Übernachtungen verbucht!

Vögel

Auf Amrum brüten viele Vogelarten in großer Zahl und Dichte. Für Sturmmöwen *(Larus canus)* mit 2000 Paaren und Heringsmöwen *(Larus fuscus)* mit 8000 Paaren ist die Insel ein bedeutender Brutplatz in Deutschland. Daneben sind Vorkommen der Brandgans *(Tadorna tadorna)* und des Kiebitzes *(Vanellus vanellus)* bemerkenswert. Insgesamt gibt es aktuell mehr als 20 Brutvogelarten auf der Insel. Für Eiderenten *(Somateria mollisima)* war Amrum über viele Jahrzehnte die südliche Verbreitungsgrenze, mit einem Spitzenwert von über 2000 Paaren in den Siebzigerjahren. Heute brüten Eiderenten entlang der Nordsee- und Atlantikküste bis nach Frankreich. Sie tauchen vor Amrum bei Hochwasser nach Miesmuscheln, die sie mit ihren starken Schnäbeln zerknacken können. Die an vielen Stellen zu beobachtenden Graugänse *(Anser anser)* wurden Anfang der Siebzigerjahre auf Amrum ausgesetzt und haben sich inzwischen stark vermehrt. Ebenfalls eingebürgert wurden die Fasane *(Phasianus colchicus)* als Jagd-

Für die Sturmmöwe ist die Insel ein bedeutender Brutplatz.

Auch die Brandgänse kommen auf der Insel sehr oft vor.

wild in den Fünfzigerjahren. Jedes Jahr werden etwa 100 Hähne geschossen.

In Frühjahr und Herbst wird das nordfriesische Wattenmeer insgesamt von zwei Millionen Zugvögeln als Rastplatz genutzt. Im Frühjahr fliegen die Vögel weiter nach Skandinavien, Island, Grönland und Sibirien. Dort brüten sie während des kurzen arktischen Sommers. Mit den Jungvögeln fliegen sie zwischen September und November wieder zurück ins Wattenmeer, um dort vor dem Weiterflug in ihre Winterquartiere rund um das Mittelmeer noch einmal Kraft zu schöpfen.

Die Eiderenten tauchen vor der Insel bei Hochwasser nach Miesmuscheln.

Die Überwinterungsorte liegen in der Regel im Süden Europas und Afrikas. Es gibt aber auch „Marathonflieger". Die Küstenseeschwalbe *(Sterna paradisaea)* fliegt nach der Brutzeit im Wattenmeer bis in die Antarktis und

Die Alpenstrandläufer kommen im Frühjahr und Herbst auf die Insel.

von dort über Süd- und Nordamerika zurück in die Arktis. Dabei legt sie im Laufe ihres bis zu 30 Jahre dauernden Lebens bis zu 2,5 Millionen Kilometer zurück! Der Grund für diese strapaziöse und auch sehr gefährliche Lebensweise ist, dass die Tiere immer dahinziehen, wo sie das optimale Nahrungsangebot vorfinden.

Im Wattenmeer rasten mehr als 41 Vogelarten. Dazu gehören unter anderem Vertreter der Gänse, Enten, Watvögel, Möwen und Seeschwalben. Manche dieser Arten wie Ringelgans, Knutt, Kiebitzregenpfeifer, Pfuhlschnepfe und Alpenstrandläufer kommen im Frühjahr und Herbst mit ihrem gesamten Weltbestand auf ihrem Zug durch das Wattenmeer. Manchmal können diese Vogelschwärme viele Hunderttausend Individuen zählen. Oft entsteht der Eindruck eines riesigen Organismus, der in der Luft ständig seine Form verändert. In diesen Schwärmen gibt es keine Leittiere. Jedes Tier orientiert sich lediglich an den Bewegungen seiner direkten Nachbarn.

Auch Amrum und den umliegenden Wattflächen kommt im Rahmen des jährlichen Vogelzuges eine zentrale Bedeutung zu. Viele Vögel weichen während ihres Aufenthaltes von der Küste auf die Insel aus, da sie dort ei-

Die Küstenseeschwalbe fliegt nach der Brutzeit im Wattenmeer von der Insel Amrum zurück in die Antarktis.

nen geschützten Rastplatz bei Hochwasser finden. Ohne Fressfeinde wie Füchse, Marder, Waschbären oder freilaufende Katzen können die Tiere gefahrlos ausruhen. Außerdem sind die Wattflächen rund um die Insel bei Ebbe schnell zur Nahrungssuche zu erreichen.

Die besten Beobachtungsmöglichkeiten während des Vogelzuges auf Amrum gibt es bei Hochwasser vom Weg entlang der Wattseite. Hier kann man dann beispielsweise Goldregenpfeifer *(Pluvialis apricaria)* oder Ringelgänse *(Branta bernicla)* auf den abgeernteten Äckern und auf den Geest- und Marschwiesen beobachten.

Die Pfuhlschnepfen suchen hier nach Futter.

Vogelkojen

Auf Amrum gab es zwei Vogelkojen. Es waren speziell zur Entenjagd angelegte künstliche Teiche mit verlängerten Kanälen an den vier Ecken, „Pfeifen" genannt. Die Pfeifen waren mit Netzen überspannt und endeten in einem Reusensystem. An dieser Stelle konnten die mit Futter in die Kanäle gelockten Enten gefangen und getötet werden.

Die Vogelkoje „Meeram", zwei Kilometer südlich von →*Norddorf*, wurde 1866 angelegt und bis 1936 betrieben. Gegründet wurde die Anlage von einer Gemeinschaft Amrumer Einwohner, die Anteile für die Verteilung der Fänge ausgab. Jedes Dorf auf Amrum hatte seine festgelegten Fangtage. Der erste angestellte „Kojenwärter", Cornelius Peters (1836–1892), kümmerte sich um den Betrieb und führte Ta-

Die heutige „Pfeife" in der Vogelkoje. Früher waren sie mit Netzen umspannt.

Die renovierte Vogelkoje mit dem Naturelebnispark wurde 2011 eingeweiht.

gebuch über seine mühsame Arbeit. Eine Arbeitsgruppe der Universität Esbjerg wertete die Tagebücher aus. Heute gibt eine sehenswerte Ausstellung im Norddorfer Naturzentrum des →*Öömrang Ferian* Einblick in den Alltag der Amrumer Vogelkoje.

Insgesamt wurden in 70 Betriebsjahren 420 000 Enten gefangen. Darunter hauptsächlich Spieß-, Pfeif- und Krickenten. Diese Zugvögel hielten sich in großen Mengen zwischen September und Dezember im →*Wattenmeer* auf. Nach 1890 war der Fangertrag so hoch, dass in Nebel eine Konservenfabrik eingerichtet wurde. Das in Dosen eingeweckte Entenfleisch wurde in den Hotels und Gaststätten der Insel verarbeitet und wurde in verschiedene Städte am Festland verschickt. Der Betrieb der Koje wurde letztlich im Jahr 1937 eingestellt. Es wurden kaum noch Enten gefangen und bis heute sind die betreffenden Entenarten auf Amrum nur noch selten während der Zugzeiten im Frühjahr und Herbst zu beobachten. Im Jahr 2011 wurde dann die renovierte Vogelkoje mit dem Naturerlebnisraum „Vogelkoje Meeram" eingeweiht.

Eine zweite Vogelkoje wurde 1883 zwischen →*Leuchtturm* und →*Wittdün* angelegt, erbrachte aber nur geringe Fangerträge. Kurz nach der →*Gründung der Seebäder* wurde diese Vogelkoje wieder geschlossen. Der ehemalige Fangteich der Koje („Kuhle") liegt noch heute rechts der Straße von Wittdün nach →*Süddorf* und wird vom Angelverein der Insulaner genutzt.

In diesem Häuschen wohnte früher der Kojenwächter. Nächste Doppelseite: Blick in die ehemalige Behausung des Kojenmanns im Vogelkojenwärterhaus.

Wald

Vor 3000 Jahren wuchs der erste spärliche Eichenwald auf der Geest von Amrum. Die ersten Bewohner holzten ihn ab und verwendeten das Holz für den Hausbau, aber auch zum Heizen und Kochen. So war das Landschaftsbild über Jahrtausende durch Sand, Heide und →*Salzwiesen* geprägt. Noch bis zum Jahr 1950 blieben Bäume auf Amrum eher selten. Es gab einzelne Aufforstungsprojekte.

Eine der ersten Maßnahmen führte der Heidekulturverein Schleswig-Holstein 1887 in der Nebeler Heide durch. Ab 1952 wurden dann Heideflächen gezielt mit Nadelbäumen aufgeforstet. Den Anfang machte die Anpflanzung von 17,5 ha Nadelbäumen durch eine Arbeitsbeschaffungsmaßnahme in →*Norddorf*. Durchsetzen konnten

Ab 1952 wurde gezielt mit Nadelbäumen aufgeforstet.

sich letztlich Schwarzkiefern und Fichten, die sich relativ gut an den starken Wind und den sandigen Untergrund anpassen können. Die ebenfalls gepflanzten Laubbäume wurden komplett von Kaninchen aufgefressen. Das Ziel, Brenn- und Nutzholz zu erhalten, wurde schnell durch die Bedeutung des Inselwaldes für den Windschutz ersetzt und letztlich zeigte sich auch der Erholungswert der Waldflächen. Heute besitzt Amrum den größten Waldbereich aller Inseln in der deutschen Bucht. Diese Veränderung des Landschaftsbildes durch die Aufforstung wurde aber auch kritisiert. Ab dem Ende der Sechzigerjahre wurden keine Flächen mehr neu bewaldet. In den Jahren 1982 und 1983 musste eine erste große Pflegeaktion durchgeführt werden. 50 000 m³ Holz wurden nach Schweden exportiert. Im Verlauf der Jahrzehnte nahm der Anteil der Nadelholzarten durch extreme Wetterereignisse stetig ab. Der Orkan „Anatol“ führte im Jahr 1999 zu ersten großen Baumverlusten. Speziell durch die Orkane „Christian“ und „Xaver“ im Herbst 2013 kam es zu weiteren großen Baumverlusten. Wiederaufforstungen erfolgen heute hauptsächlich mit Laubbaumarten. Dabei stellt die schon länger auf Amrum eingewanderte, ursprünglich aus Nordamerika stammende, spätblühende Traubenkirsche durch ihr schnelles Wachstum ein großes Problem dar.

Waldverluste nach den Orkanen im Herbst 2013.

Walfang, Pottwalskelett

Ab der Mitte des 17. Jahrhunderts fuhren Männer von Amrum, Föhr und den Halligen auf niederländischen Walfangschiffen in das Nordpolarmeer. Im Frühjahr nach dem Biikebrennen (→*Brauchtum*) verließen sie ihre Wohnorte und fuhren mit kleinen Schiffen zu den großen Häfen in den Niederlanden. Die Fahrt in die Fanggebiete bei Spitzbergen dauerte bis zu vier Wochen. Dort wurde von kleineren Beibooten aus mit Harpunen Jagd auf Wale gemacht. Hatte man als Besatzungsmitglied erst einmal einen höheren Rang erreicht, wurde man am Erlös der sehr lukrativen Fahrten beteiligt. Erfolgreiche Waljäger brachten mit ihren Jagderfolgen Wohlstand für ihre Familien mit nach Hause. Noch heute erzählen die Grabsteine auf dem Friedhof von →*Nebel* (→*Kirche, Friedhof*) von dem abenteuerlichen Leben der Seefahrer dieser Epoche.

Im Januar 2016 strandeten mehr als 30 junge Pottwale an den Küsten von England, den Niederlanden, Dänemark und Deutschland.

Sie waren auf dem Weg von Spitzbergen Richtung Süden zu den Azoren und folgten wohl irrtümlich ihrer Nahrung, den Kalmaren, in die Nordsee hinein und gerieten in zu flaches Wasser.

Einer dieser Pottwale wurde Anfang 2016 tot in der Nähe der Insel Helgo-

Skelett eines jungen Pottwals im ehemaligen Schwimmbad in Norddorf.

land gefunden. Nach seiner Bergung kam das Skelett durch die Bemühungen des →*Öömrang Ferian* nach Amrum und wurde nach der Präparation in einem der Becken des ehemaligen Schwimmbades am Strand von →*Norddorf* aufgebaut. Darüber hinaus ist in den kommenden Jahren eine Ausstellung zum Thema Wale und Walfang geplant, die dann der Öffentlichkeit zugänglich gemacht werden.

Watt, Wattwanderungen

Die Wattgebiete, die etwa alle sechs Stunden trockenfallen und wieder überflutet werden, umfassen vor der dänischen, deutschen und niederländischen Küste fast 4000 Quadratkilometer. Es gibt weltweit kein vergleichbares Wattengebiet. Drei Viertel der Flächen bestehen komplett aus Sand. Etwa sechs Prozent sind Schlickwatt. Dabei handelt es sich um Bereiche mit einem hohen Lehm- und Tonanteil. Feinste Schwebeteilchen setzen sich an strömungsarmen Stellen ab und lagern sich im Verlauf der Zeit in hohen Schichten ab. Bei Wattwanderungen sind das die Abschnitte, die nur ein sehr beschwerliches Fortkommen ermöglichen.

Im Rhythmus der Gezeiten entstand das Watt.

Der Übergangsbereich zwischen Sand und Schlick nimmt etwa 20 Prozent der Fläche ein.

Während früher nur ortskundige Einheimische das Überqueren des Watts wagen konnten, ist es seit den späten 1960er-Jahren auch als touristisches Erlebnis möglich. Über den Meeresboden zu laufen, ermöglicht ein neues Verständnis für den Lebensraum und die Weite des Watts. Wattwandern ist „in". Im Jahr 2016 nahmen im →*Nationalpark* über 140 000 Menschen an 5900 Wattwanderungen teil.

Auf Amrum veranstalten die Schutzstation Wattenmeer und der →*Öömrang Ferian* kleinere Touren in den Wattbereich im Umfeld der Insel. Ein Höhepunkt eines Aufenthaltes auf

Amrum kann eine Wattwanderung von →*Norddorf* nach Dunsum auf Föhr sein. Einige Amrumer bieten während der Saison diese etwa 8 km lange Tour über die Sandwattflächen an. Dabei gilt es, den zentralen Priel „Öömrang Jip" zu durchwaten und dem Wrack der 1825 gestrandeten „City of Bedford" (→*Strandungsfälle*) einen Besuch abzustatten. Von Dunsum geht es dann mit dem Bus nach Wyk und mit der Fähre zurück nach Amrum. Abhängig von den Gezeiten und den Wetterbedingungen kann die Tour auch in umgekehrter Reihenfolge durchgeführt werden. Vor 1962 konnte der kürzere Weg nach Föhr direkt nach Utersum genutzt werden. Durch die Folgen der Sturmflut 1962 (→*Sturmfluten, Orkane*) veränderte der Priel vor dem Föhrer Strand seinen Verlauf und seine Tiefe, sodass diese Route nicht mehr zur Verfügung steht.

Wattwanderung mit Führer nach Amrum.

Windmühlen

Um 1688 gab es auf Amrum bei →*Norddorf* und →*Nebel* zwei Bockmühlen. Die Besitzer der Norddorfer Mühle waren Clement und Hark Rörden. Von ihrem Leben erzählt ein Grabstein auf dem Friedhof von Nebel.

Die heutige Mühle in Nebel wurde 1771 auf dem „Malnberag“ gebaut. Sie ist der Typ eines „Erdholländers“, konstruiert speziell zur Verarbeitung von Gerste. Der erste Müller war Erk Knudten (1733–1801). Da es viel Wind, aber wenig Getreide auf der Insel gab, verarbeitete er auch Getreide vom Festland. Ab 1846 bewirtschaftete die

Die Mühle am Ortsrand von Nebel ist die älteste erhaltene Mühle in Schleswig-Holstein.

Familie Christensen aus Jütland die Mühle. Um 1920 wurde die Windrose auf dem Dach gebaut, um den „Kopf" der Mühle in die Windrichtung zu drehen. Gleichzeitig erhielten die Flügel Holzplanken. Sie lösten die Segeltuchbespannung ab. Im Jahr 1922 wurde die Mühle unterkellert und ein Arbeitsraum (das heutige Mühlenmuseum) angebaut.

Die Mühle in Süddorf beherbergt heute eine Ferienwohnung.

Der letzte Müller war Hans Kristensen. Er verkaufte 1963 die Mühle für 100 000 DM an den vom damaligen Inselpastor gegründeten Mühlenverein. Der Verein kümmert sich bis heute um den Erhalt der ältesten Mühle in Schleswig-Holstein. Im angegliederten Mühlenmuseum wird über die Geschichte der Mühle informiert und es gibt wechselnde Ausstellungen zu Themen von Amrum und Nordfriesland.

Die zweite Amrumer Mühle steht in →*Süddorf*. Ursprünglich stand hier eine im 18. Jahrhundert auf Sylt gebaute Bockmühle, die der Amrumer Kapitän Volkert Quedens auf einem bronzezeitlichen Grabhügel wiederaufbauen ließ. 1893 kaufte sie der von Föhr stammende Müller Heinrich Andresen und ersetzte sie durch eine Holländerwindmühle mit Segelgatterflügeln, die bis 1942 in Betrieb war. Im Jahr 1952 kauften zwei Hamburger Architekten die Mühle und bauten sie als Wohnung aus.

Wittdün (friesisch: Witjdün)

Etwa 800 Menschen wohnen heute an der Südspitze Amrums in Wittdün, dem Ort benannt nach der „weißen Düne“. Wittdün wurde 1890 als erstes Seebad auf Amrum gegründet. Das jüngste der Inseldörfer wurde für den →*Tourismus* an der bisher unbesiedelten Südspitze gebaut. Es begann mit einem Hotel und einem Schiffsanleger. Das junge Seebad entwickelte sich schnell. Wohlhabende Familien, der Adel und das preußische Militär trafen sich hier zur Sommerfrische. Viele Hotels und Pensionen wurden gebaut und mit der Einrichtung der →*Inselbahn* zum →*Kniepsand* konnte der Nachteil des weit entfernten Badestrands erst einmal ausgeglichen werden. 1912 erhielt Wittdün den Status einer eigenständigen Gemeinde. Kurz vor dem Ersten Weltkrieg bekam Wittdün dann auch eine gemauerte Strandpromenade, auch um die Hotels auf der oberen Wandelbahn vor den Sturmfluten zu schützen. Der Erste Weltkrieg bedeutete dann einen tiefen Einschnitt für das Badeleben.

Die Gäste blieben aus und es begann eine Phase der ständigen Besitzerwechsel und einer nur langsamen Neubelebung des Fremdenverkehrs. 1925 kaufte der Verein für Erholungs- und Ferienstätten aus Berlin-Wilmersdorf das ehemalige Hotel „Kaiserhof“. Bis heute betreibt der Berliner Schullandheimverband das Haus.

Blick auf Wittdün von der Seeseite.

Der Zweite Weltkrieg sorgte dann wieder für den gesamten Ort für eine langjährige Pause. Zu Beginn der 1950er-Jahre lebten 250 Amrumer und 400 Vertriebene an der Südspitze. Zum Neustart wurden weitere Häuser in Kinderheime umgewandelt. Bis in die Sechzigerjahre war die Zahl der Betten in Kinderheimen ungefähr doppelt so hoch wie die Zahl der Betten für Gäste. Im Jahr 1956 wurde in Wittdün ein Kurmittelhaus gebaut und der Ort erhielt den Status eines Heilbades. Mitte der Fünfzigerjahre wurden die Campingplätze in den Dünen angelegt. Der beginnende Massentourismus in den Sechzigerjahren brachte durch diese verbesserte Infrastruktur auch wieder mehr Gäste nach Wittdün. In den Siebziger-Jahren begann dann die Modernisierung des gesamten Ortes. Der ursprüngliche Kern des Seebads, das Kurmittelhaus und der Holzsteg, wurde abgerissen. Planungen für sehr dominante Hotelneubauten, vergleichbar zu Westerland, wurden zum Glück aber nicht realisiert.

In dieser Zeit entstanden auch viele der Geschäftshäuser an der Inselstraße, die noch heute den ersten Eindruck der Insel vermitteln, wenn die

Wandelbahn.

In der kleinen Kapelle in Wittdün zeigt der Altaraufsatz den Amrumer Leuchtturm und die Strandung des Kohledampfers „Albis" auf der Sandbank im Jahr 1922.

Besucher von den Fähren kommen. Von 1972 bis 1984 betrieb Wittdün ein beheiztes Meerwasser-Freibad, das im Unterhalt aber zu teuer war. Im Jahr 1997 wurde dann am nördlichen Ortsrand das „Badeland" eröffnet, ein Meerwasserwellenbad mit umfangreichen Wellness- und Fitnessangeboten.

In den letzten Jahren ist das größte Problem des Tourismus in Wittdün die Verlagerung des Kniepsands Richtung Süden. Die Badebucht vor Wittdün ist daher nicht mehr nutzbar und der Strand auf der Westseite bietet keinen Ersatz. Nach 130 Jahren ist die „weiße Düne" vom Seebad zum Versorgungszentrum der gesamten Insel geworden.

Zeitleiste

3000 v. Chr.	Besiedlung der Geest während der Jungsteinzeit.
1800 v. Chr.	Bronzezeit. Die Geest wurde für Ackerbau benutzt. Zeit des Baus der Hügelgräber.
500 v. Chr.	Reste von Dörfern im Bereich der Dünen. Rundhügelgräber bei Steenodde. Die an der Küste wohnenden germanischen Stämme wandern ab.
800	Die Friesen kommen entlang der Nordseeküste bis zu den Geestinseln und kultivieren die Marschen.
um 900	Die Wikinger nehmen die Inseln für das dänische Königshaus in Besitz.
um 1200	Bau der St.-Clemens-Kirche auf Amrum.
1231	Erstmalige urkundliche Erwähnung Amrums im „Erdbuch" des dänischen Königs Waldemar II.
um 1420	Im Seegebiet um Helgoland tauchen riesige Heringsschwärme auf und stellen den Ausgangspunkt der Fischerei in Nordfriesland dar.
1464	Süddorf und Norddorf werden erstmalig urkundlich erwähnt.
1524	Die Reformation erreicht Föhr und Amrum.
1565	Die Stadt Husum erhält das Recht zum Auslegen von Seezeichen bis zu den Inseln.
1629	Bei einem Ausbruch der Pest auf Amrum sterben $^2/_3$ der Bevölkerung.
ab 1644	Die Amrumer fahren mit Hamburger Schiffen zum Walfang
1692	Auf Vorschlag der Amrumer befiehlt der dänische König das Bepflanzen von Wanderdünen.
1736	Hark Olufs kehrt aus der Gefangenschaft in Nordafrika zurück.
1768	Großbrand in Norddorf. Fast alle Häuser werden zerstört.
1799	Die dänische Regierung hebt die Feldgemeinschaft auf. Die Flächen werden unter der Bevölkerung aufgeteilt.

1825	Die Halligflut im Februar richtet auch auf den Inseln große Schäden an.
1864	Nach dem Sieg von Österreich und Preußen gegen Dänemark wird Amrum Preußen zugeschlagen und gehört ab 1870 zu Deutschland.
1865	Die deutsche Gesellschaft zur Rettung Schiffbrüchiger (DGzRS) richtet auf Amrum erste Rettungsboote ein.
1875	Der Amrumer Leuchtturm nimmt den Betrieb auf.
1890	Die Seebäder in Wittdün und in Norddorf nehmen ihren Betrieb auf.
1895	Bei Steenodde wird der erste feste Anleger auf Amrum gebaut.
1900	Die 1893 von Wittdün zum Kniepsand gebaute Inselbahn wird bis Norddorf verlängert.
1903	Einweihung der Kapelle in Wittdün.
1908	Die St.-Clemens-Kirche erhält einen Glockenturm.
1920	In der Abstimmung über die Zugehörigkeit zu Dänemark oder zu Deutschland im Grenzgebiet stimmen auf Amrum 84 % der Einwohner für den Verbleib bei Deutschland.
1925	Zweiter Großbrand in Norddorf. Neun Häuser werden zerstört.
1948	Statt der stillgelegten Inselbahn wird die asphaltierte Straße gebaut.
1976	Der alte Holzanleger in Wittdün wird durch den heutigen Fähranleger ersetzt.

zusammengestellt nach Quedens et.al. 1991 und ergänzt

Literaturangaben

Margot Hansen, Nico Hansen (Hrsg.) (1964): „Amrum – Geschichte und Gestalt einer Insel", Itzehoe
Georg Quedens u.a. (1991): „Amrum – Landschaft, Geschichte, Natur", Amrum, Verlag Jens Quedens
Georg Quedens (2004): „Amrum – Die Geliebte des Blanken Hans", Amrum, Verlag Jens Quedens
Jens Quedens, Rolf Drewes (2019): „Amrum – Reise durch die Zeit", Karte für Inselentdecker, Verlag Kartenwerk, Dortmund

Glossar

Ausblasung
Feine Sandkörner werden vom Wind transportiert. Dies passiert auch bei größeren Sandmengen, selbst wenn der Sand durch natürliche Hindernisse oder nach einer Durchwurzelung (z. B. durch Strandhafer) aufgetürmt wird. So kann es auch bei älteren Dünen zu größeren Sandverlusten kommen. Zu erkennen bei reinen Sandflächen an Dünenhängen oder in Dünentälern.

Bockmühle
Ein Windmühlentyp, bei dem das gesamte Mühlenhaus auf einem einzelnen dicken Pfahl steht, der in einem drehbaren Stützgestell sitzt. Damit konnte eine Bockmühle jeweils in den Wind gedreht werden. Es handelt sich um den ältesten Mühlentyp Europas.

Erdholländer
Zuerst in den Niederlanden gebaute Windmühlen mit Flügeln, die fast bis zur Erde reichen und über die gesamte Gebäudehöhe streichen. Sie stehen direkt auf dem Boden, nicht auf Hügeln.

Erosion
Beschreibt die Abtragung von Steinen und Böden durch Wasser und Wind. Dieser Abtrag kann durch natürliche Prozesse oder durch die Landbewirtschaftung erfolgen.

Geest
Bezeichnet Landformen in Nordwestdeutschland, den Niederlanden und Dänemark, die während der Eiszeiten durch den Transport und die Ablagerung von Steinen entstanden. Transportmittel waren die von Norden kommenden Gletscher.

Kliff
Beschreibung einer Küstenform, die durch das Wirken der Meeresbrandung auf eine Küstenformation entsteht. An der Nordseeküste beschreibt es auf Sylt die Entstehung der steilen Abbruchkanten, z. B. das „Morsum-Kliff" im Osten der Insel.

Marsch
Landflächen aus angeschwemmtem Sand, Steinen und Ton im direkten Übergangsbereich zum Meer oder Flussläufen an der norddeutschen Küste.
Sie entstanden meist vor wenigen Hundert Jahren. Die Bildung solcher Flächen wurde und wird gezielt durch Uferver-

bauungen unterstützt (Landgewinnung). Die Marsch schließt sich seewärts an die Geest an. Pellworm und die Halligen sind typische Beispiele reiner Marschbildungen.

Mole
In ein Gewässer führender Damm, aufgeschüttet oder konstruiert. Zugang für Schiffe von allen Seiten möglich.

Moräne
In einer Moräne lagert das Erd- und Gesteinsmaterial, das nach dem Abschmelzen eines Gletschers übrig bleibt. In Schleswig-Holstein bilden Altmoränen im Westen des Landes hinter den Marschen die hohe Geest und Teile der Nordfriesischen Inseln Amrum, Föhr und Sylt.

Mycel
Das Mycel umfasst alle Zellen eines Pilzes. Bei Hutpilzen befindet sich das Mycel unter der Erde oder im Holz von Bäumen. Nur die Fruchtkörper sind oberhalb der Erde zu sehen. In ihnen befinden sich die „Sporen“, mit deren Hilfe sich die Pilzart weiterverbreitet.

Nehrung
Ein schmaler Sandstreifen, der einen direkt vor der Küste liegenden Meeresbereich vom offenen Meer abtrennt.

Reede
Ein Ankerplatz außerhalb eines Hafens oder einer Flussmündung, meist windgeschützt.

Tide
Der Begriff bezeichnet das regelmäßige Steigen (Flut) und Sinken (Ebbe) des Wasserstands längs der europäischen Nordseeküste unter dem Einfluss der Anziehungskräfte des Mondes. Im Bereich von Amrum liegt der Unterschied zwischen Flut und Ebbe (Tidenhub) bei etwa 2,5 m.

Übersetzung der Amrumer Hymne ins Hochdeutsche
(zum Stichwort Friesisch auf Seite 42)

Du mein Zuhause, mein Amrumer Land,
immer soll deine Erde bestehen!
Was die Väter uns vererbt,
lasst uns doch sehen, dass das nicht stirbt!

Gäben wir es auf, das wäre eine Schande,
lieb hab' ich dich, mein Amrumer Land

Inhalt

Umschlag: Leuchtturm in den Dünen; Seite 2/3: Kniepsand, Seite 4/5: Odde, Seite 6/7: Amrum von der Westseite.

Fotos: Seite 50 und 62: Henning Bunte; Seite 90: Wikipedia; Seite 47, 51, 86, 103, 108, 125, 127, 129 und 134 Hans-Peter Ziemek.

Für Unterstützung und hilfreiche Hinweise sei gedankt Karsten Reise, Michael Klisch, Anna-Katharina Wöbse.

Besonderer Dank gilt Henning Bunte (Raisdorf), der mit seiner Frau schon seit den Sechzigerjahren Amrum regelmäßig besucht und dessen umfangreiches Archiv viele wertvolle Hinweise und Abbildungen lieferte.

Den ganzen Text haben dankenswerterweise Henning Bunte, Regina Weber-Ziemek, Jannis Ziemek und Dr. Anna-Katharina Wöbse gegengelesen.

Dank an die Reederei „Adler-Schiffe“ für die Unterstützung des Fotografen.

Bibliografische Information der Deutschen Nationalbibliothek

Die Deutsche Nationalbibliothek verzeichnet diese Publikation in der Deutschen Nationalbibliografie; detaillierte bibliografische Daten sind im Internet über http://dnb.dnb.de abrufbar.

Layout: Günter Pump

Gesamtherstellung: Husum Druck- und Verlagsgesellschaft
Postfach 1480, D-25804 Husum – www.verlagsgruppe.de
ISBN 978-3-96717-003-0

1 Amrum Odde
2 Gedenkstein Seehospize
3 Naturzentrum Maritur
4 Jungnamensand
5 Quermarkenfeuer
6 Archäologisches Areal
7 Vogelkoje
8 Böle-Bonken-Bank
9 Öömrang Hüs
10 St.-Clemens-Kirche
11 Windmühle
12 Friedhof der Heimatlosen
13 Kinderfachklinik Satteldüne
14 Kniepsand
15 Steenodder Kliff
16 Hügelgräber
17 Leuchtturm
18 Seezeichenhafen
19 Badeland
20 Schutzstation Wattenmeer
21 Wriakhörnsee
22 Lageort der Pallas